I0396284

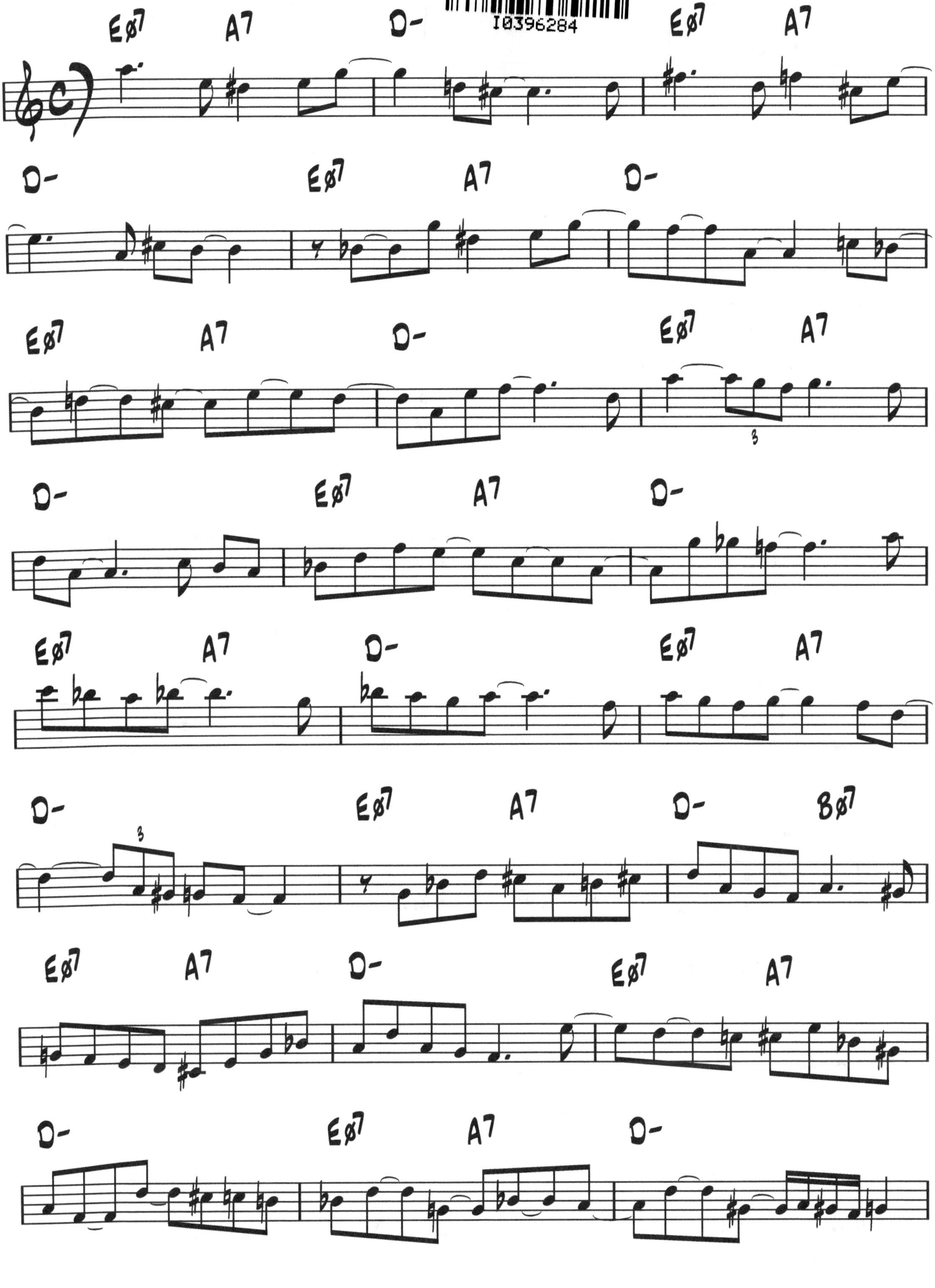
Eø7 A7 D- Eø7 A7
D- Eø7 A7 D-
Eø7 A7 D- Eø7 A7
3
D- Eø7 A7 D-
Eø7 A7 D- Eø7 A7
D- Eø7 A7 D- Bø7
3
Eø7 A7 D- Eø7 A7
D- Eø7 A7 D-

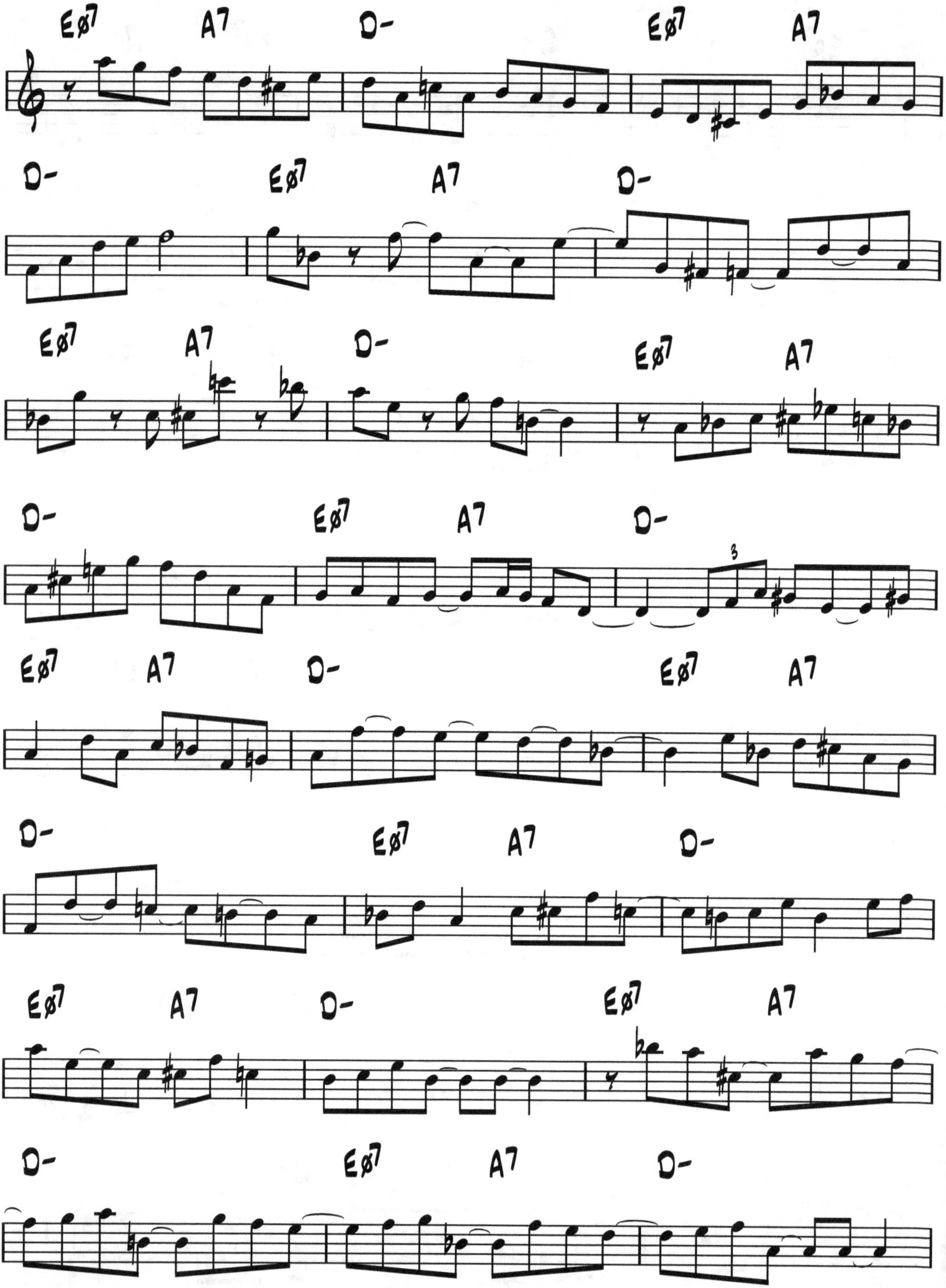
Eø7 A7 D- Eø7 A7
D- Eø7 A7 D-
Eø7 A7 D- Eø7 A7
D- Eø7 A7 D-
3
Eø7 A7 D- Eø7 A7
D- Eø7 A7 D-
Eø7 A7 D- Eø7 A7
D- Eø7 A7 D-

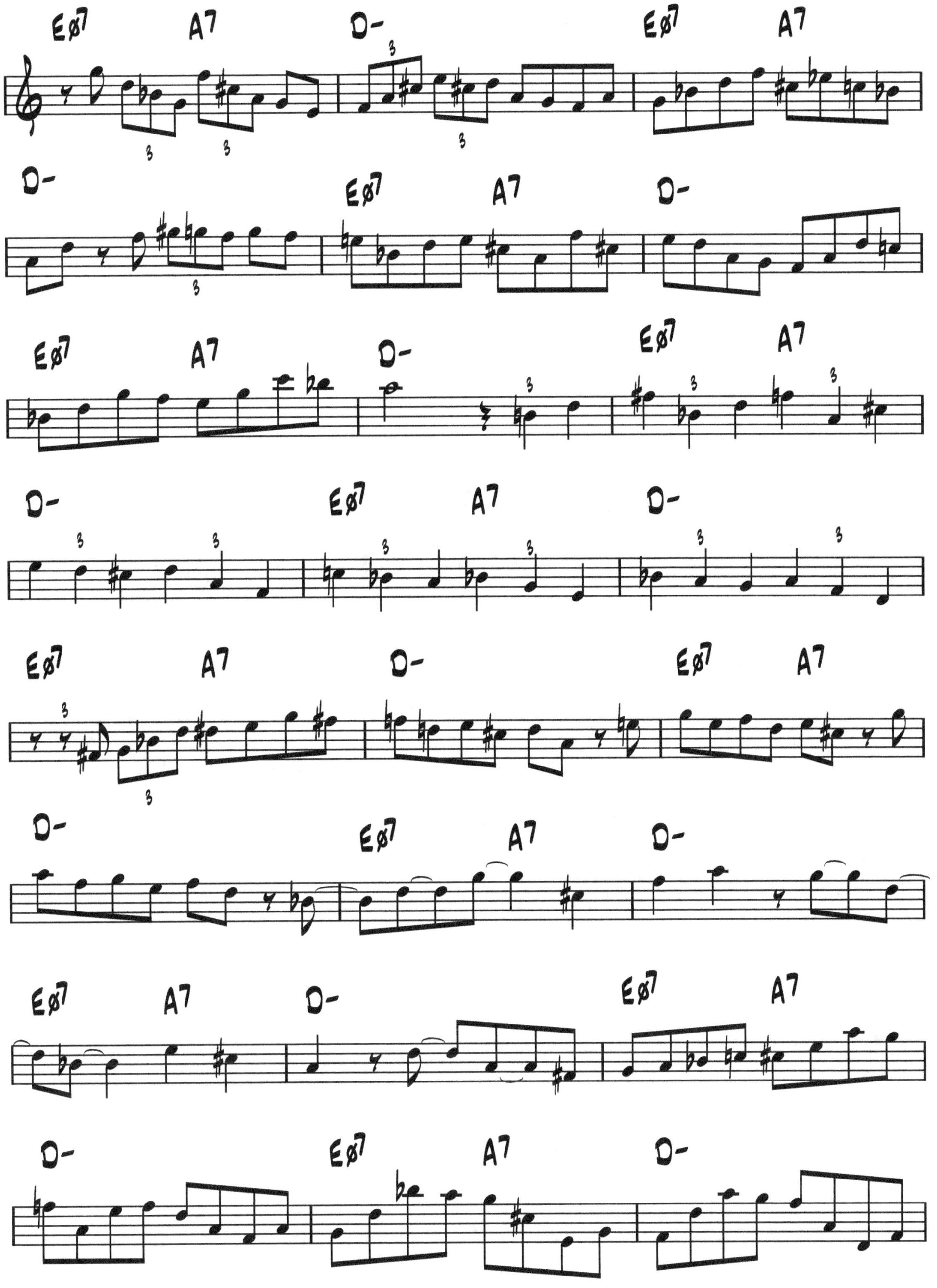
Eø7 A7 D- Eø7 A7
D- Eø7 A7 D-
Eø7 A7 D- Eø7 A7
D- Eø7 A7 D-
Eø7 A7 D- Eø7 A7
D- Eø7 A7 D-
Eø7 A7 D- Eø7 A7
D- Eø7 A7 D-

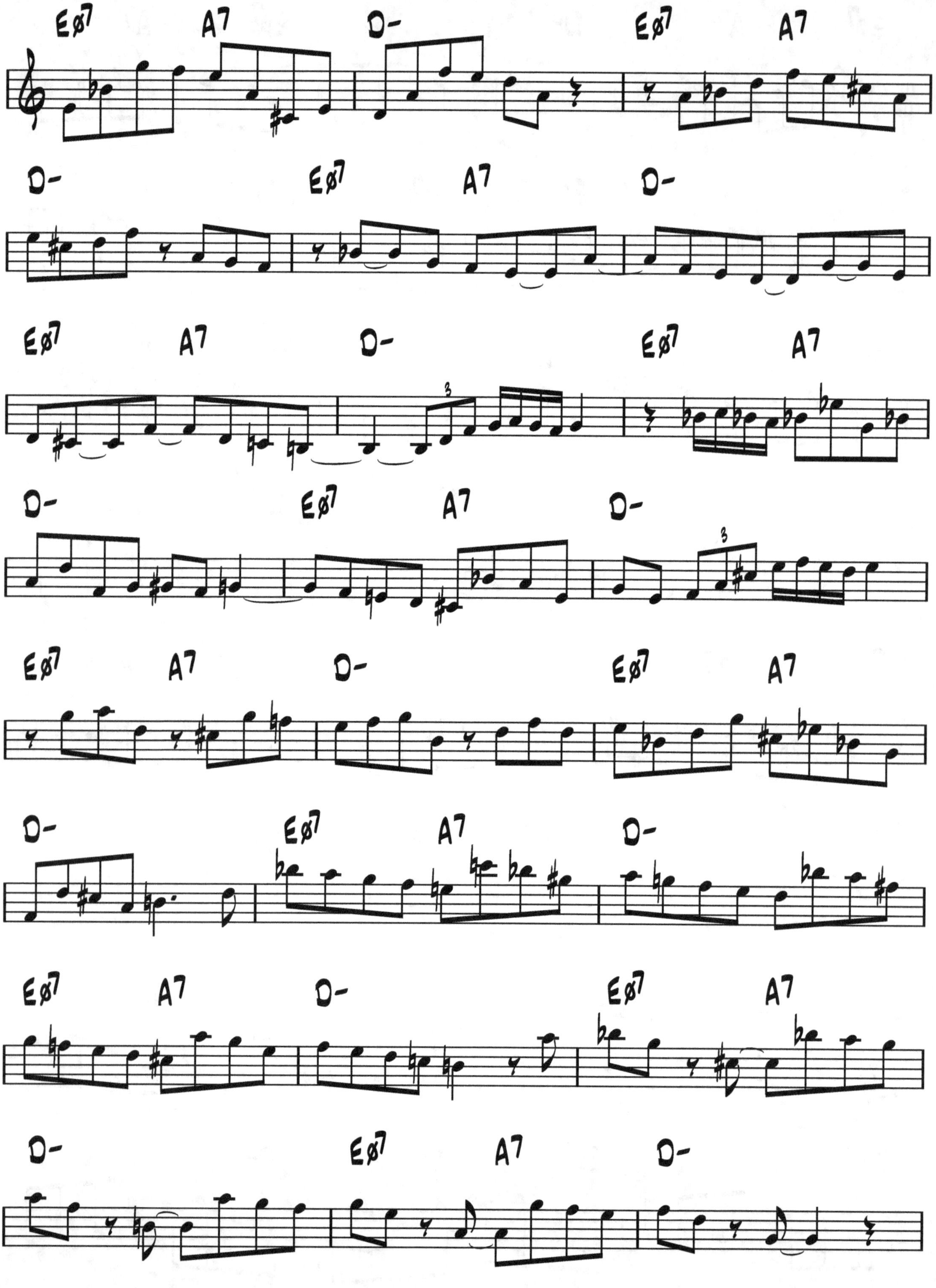
Eø7 A7 D- Eø7 A7
D- Eø7 A7 D-
Eø7 A7 D- Eø7 A7
D- Eø7 A7 D-
Eø7 A7 D- Eø7 A7
D- Eø7 A7 D-
Eø7 A7 D- Eø7 A7
D- Eø7 A7 D-

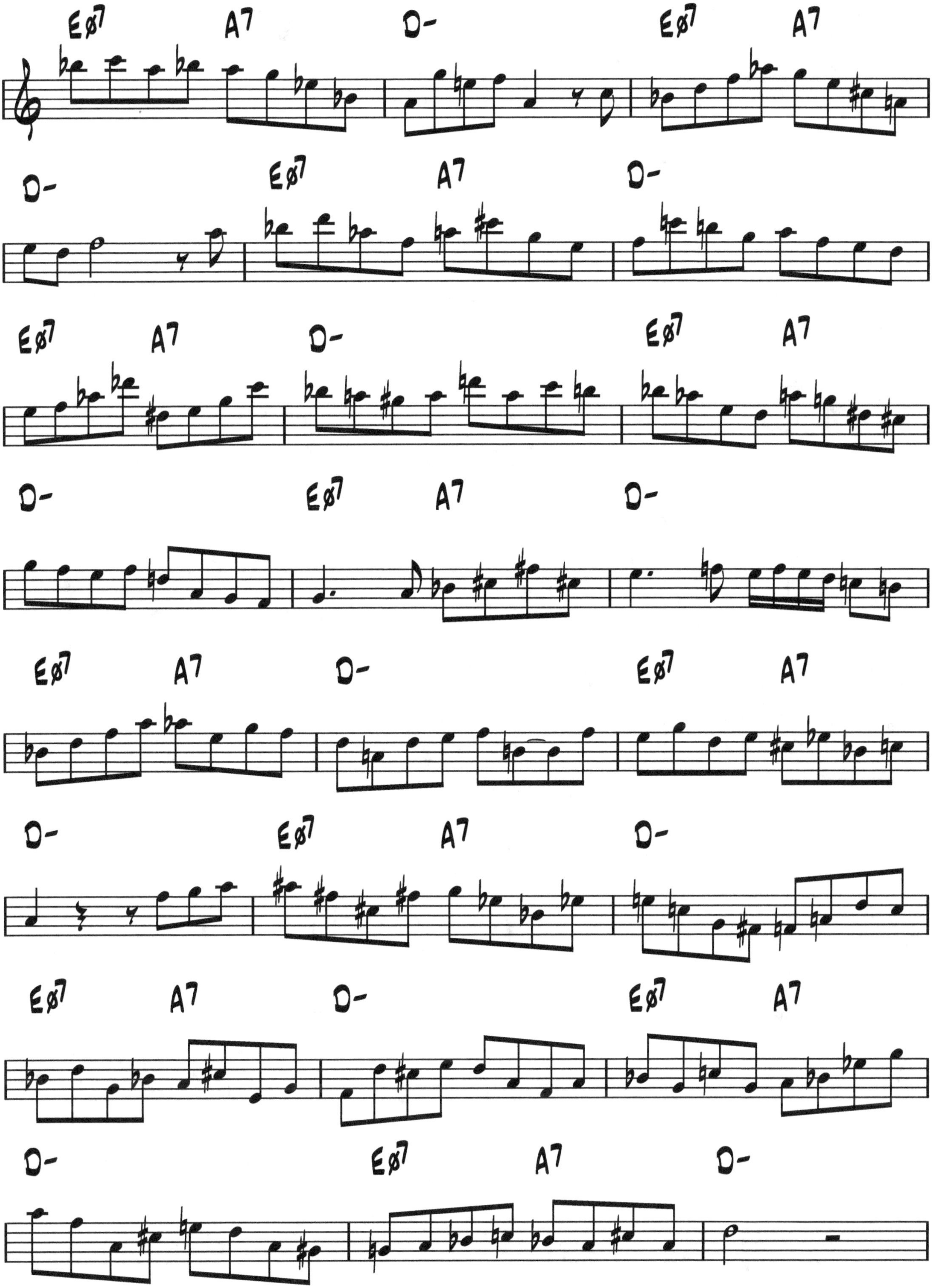
Eø7 A7 D- Eø7 A7
D- Eø7 A7 D-
Eø7 A7 D- Eø7 A7
D- Eø7 A7 D-
Eø7 A7 D- Eø7 A7
D- Eø7 A7 D-
Eø7 A7 D- Eø7 A7
D- Eø7 A7 D-

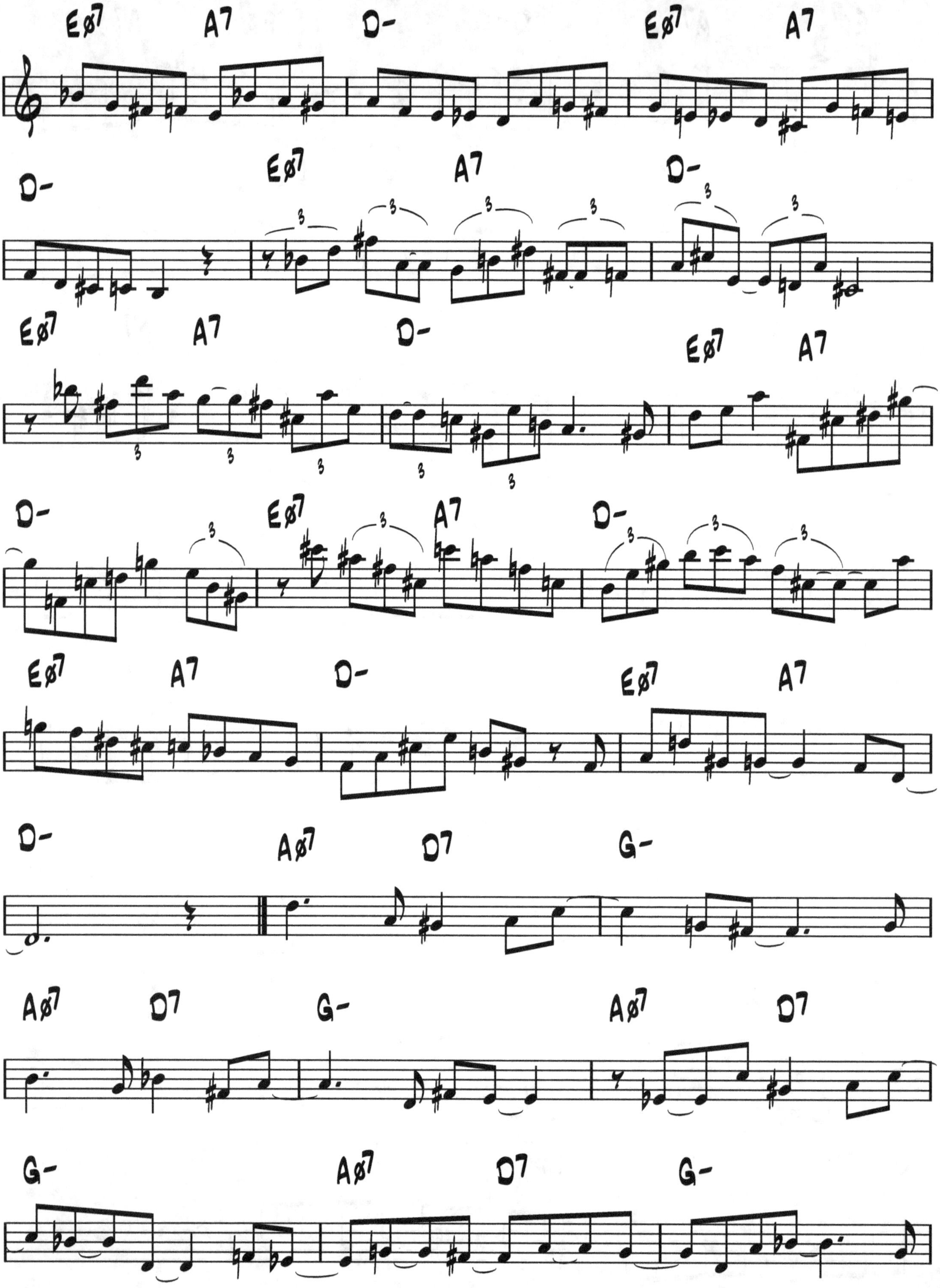
Eø7 A7 D- Eø7 A7
D- Eø7 A7 D-
Eø7 A7 D- Eø7 A7
D- Eø7 A7 D-
Eø7 A7 D- Eø7 A7
D- Aø7 D7 G-
Aø7 D7 G- Aø7 D7
G- Aø7 D7 G-

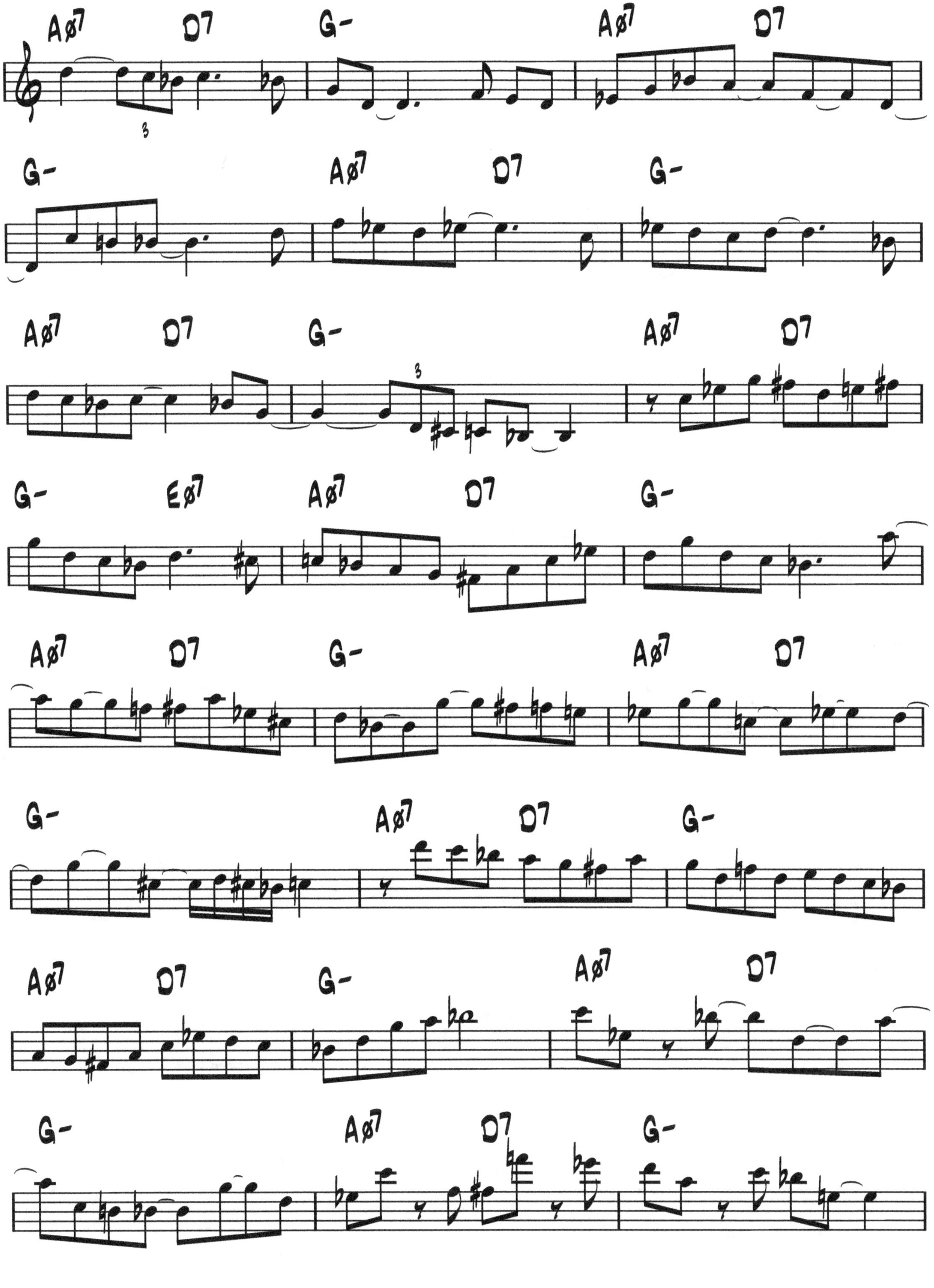

Aø7 D7 G- Aø7 D7
G- Aø7 D7 G-
Aø7 D7 G- Aø7 D7
G- Eø7 Aø7 D7 G-
Aø7 D7 G- Aø7 D7
G- Aø7 D7 G-
Aø7 D7 G- Aø7 D7
G- Aø7 D7 G-

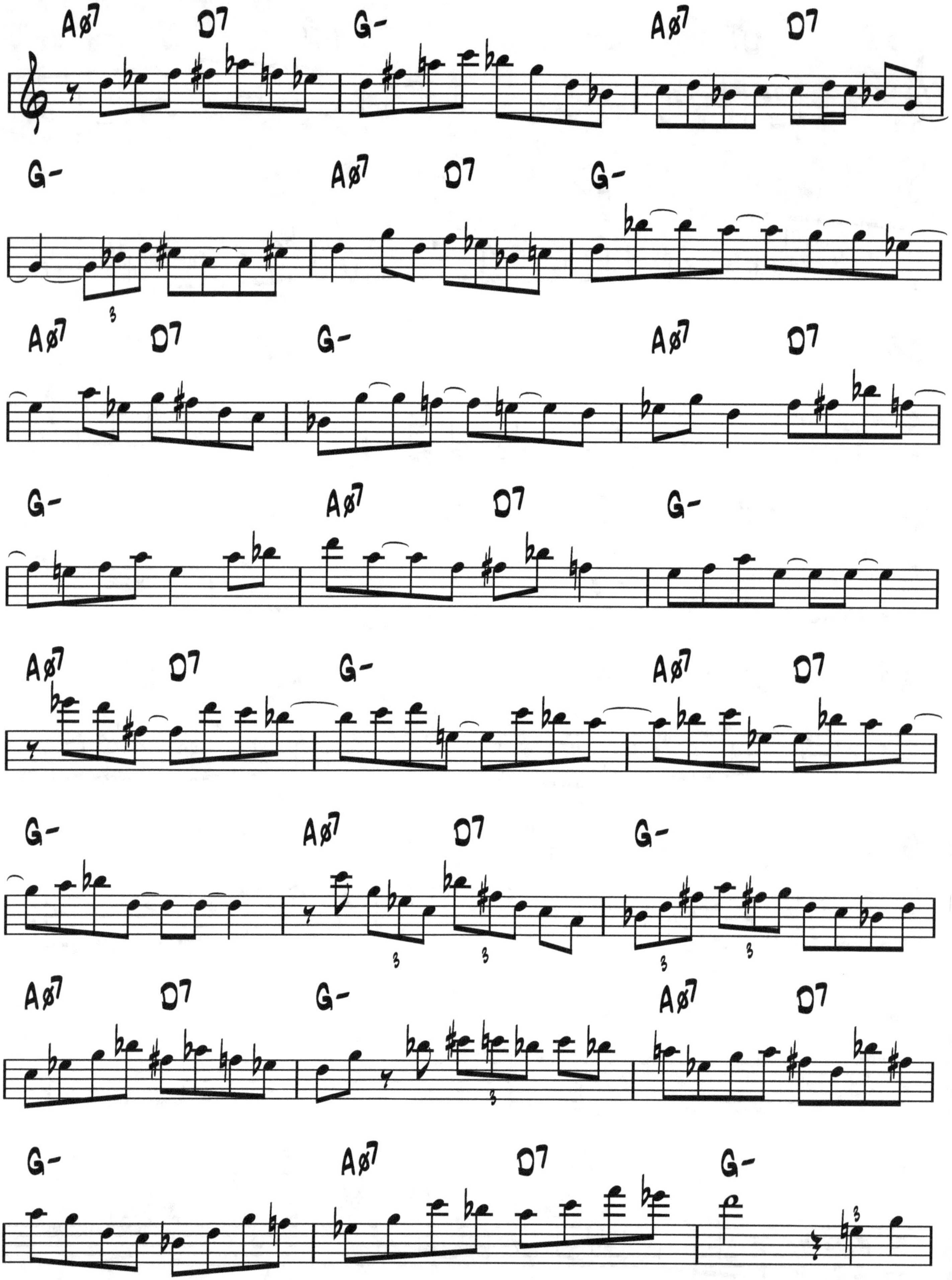
Aø7 D7 G- Aø7 D7
G- Aø7 D7 G-
Aø7 D7 G- Aø7 D7
G- Aø7 D7 G-
Aø7 D7 G- Aø7 D7
G- Aø7 D7 G-
Aø7 D7 G- Aø7 D7
G- Aø7 D7 G-

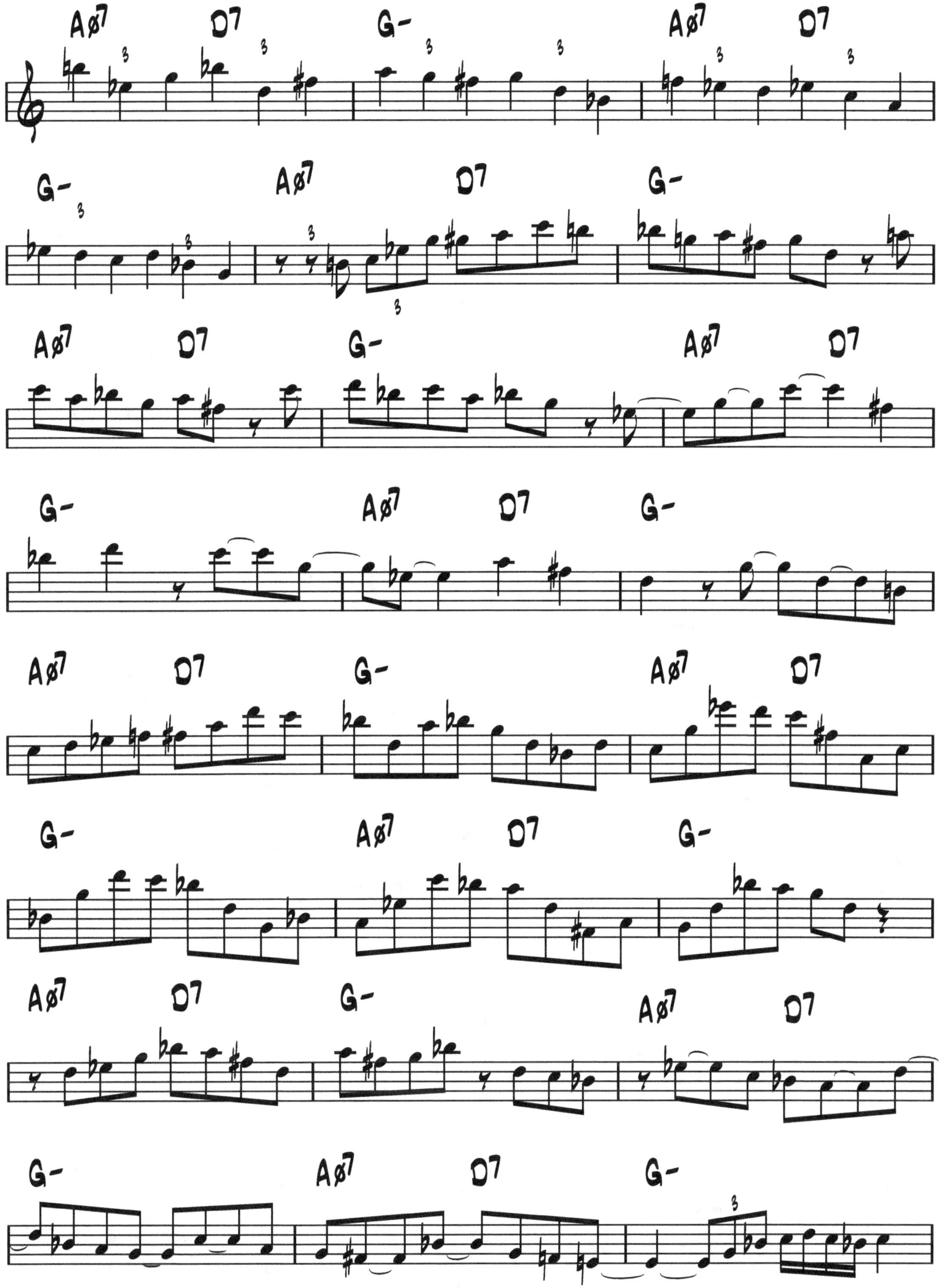

Aø7 D7 G- Aø7 D7
G- Aø7 D7 G-
Aø7 D7 G- Aø7 D7
G- Aø7 D7 G-
Aø7 D7 G- Aø7 D7
G- Aø7 D7 G-
Aø7 D7 G- Aø7 D7
G- Aø7 D7 G-

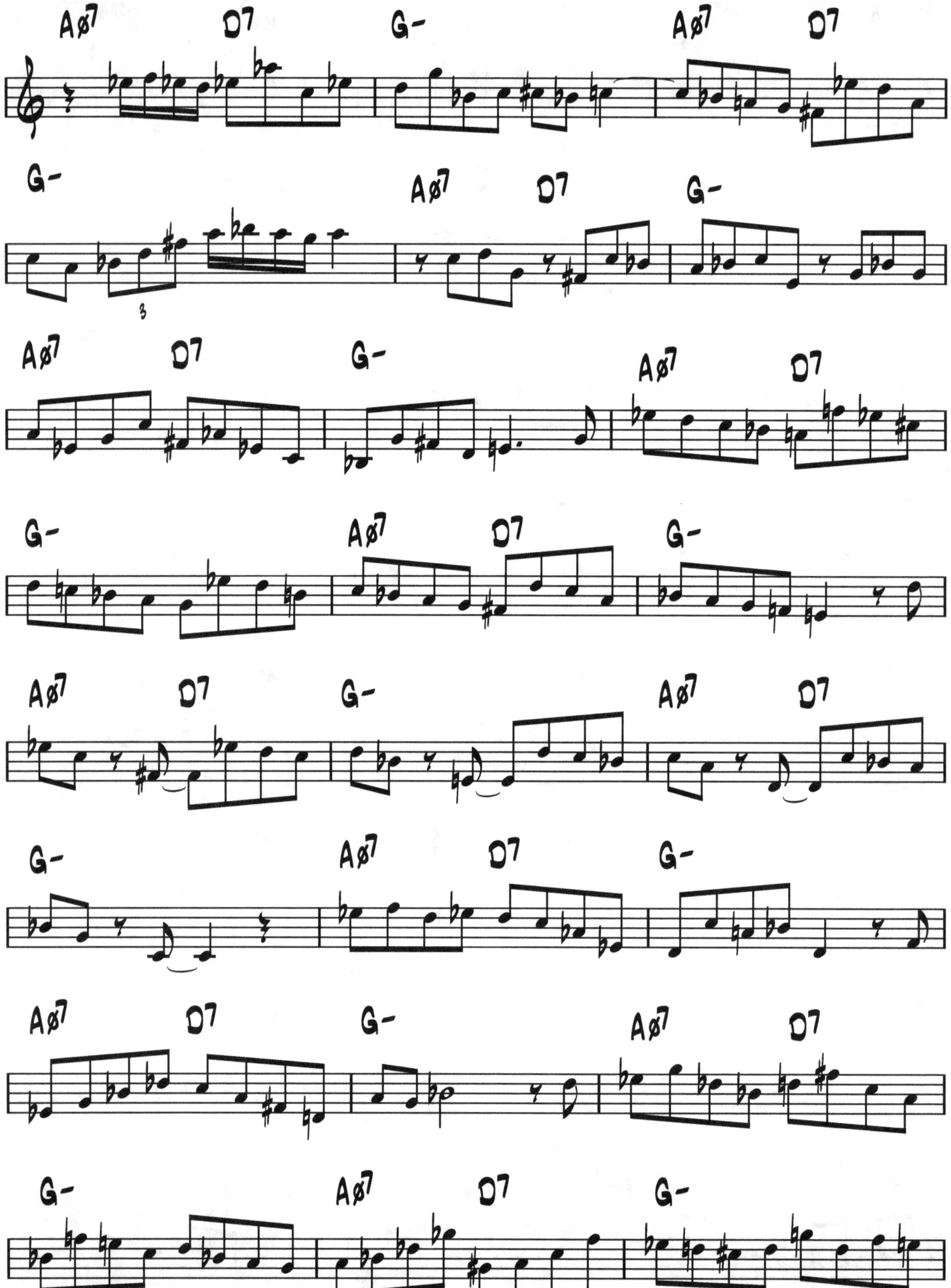
Aø7 D7 G- Aø7 D7
G- Aø7 D7 G-
Aø7 D7 G- Aø7 D7
G- Aø7 D7 G-
Aø7 D7 G- Aø7 D7
G- Aø7 D7 G-
Aø7 D7 G- Aø7 D7
G- Aø7 D7 G-

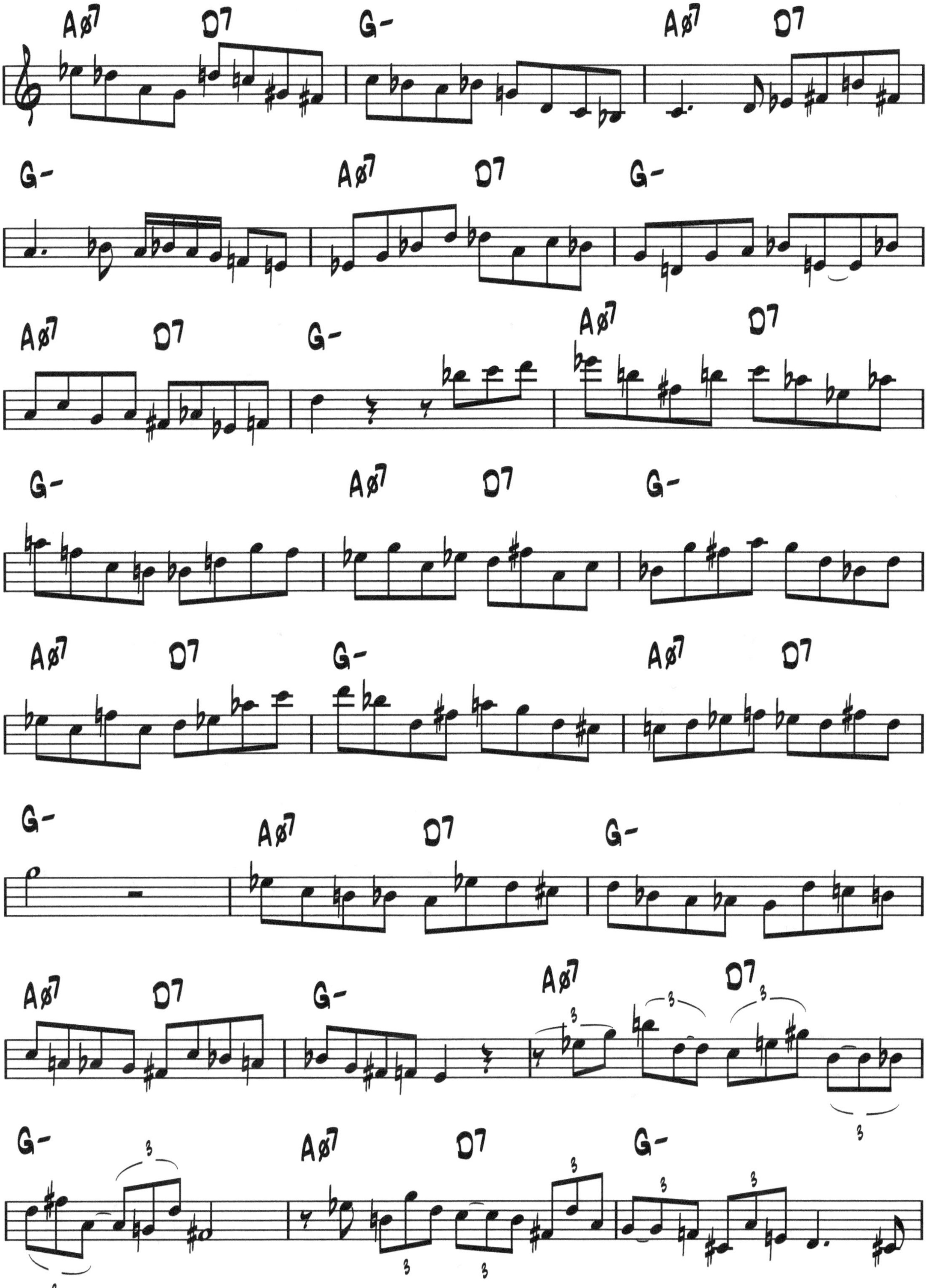

Aø7 D7 G- Aø7 D7
G- Aø7 D7 G-
Aø7 D7 G- Aø7 D7
G- Aø7 D7 G-
Aø7 D7 G- Aø7 D7
G- Aø7 D7 G-
Aø7 D7 G- Aø7 D7
G- Aø7 D7 G-

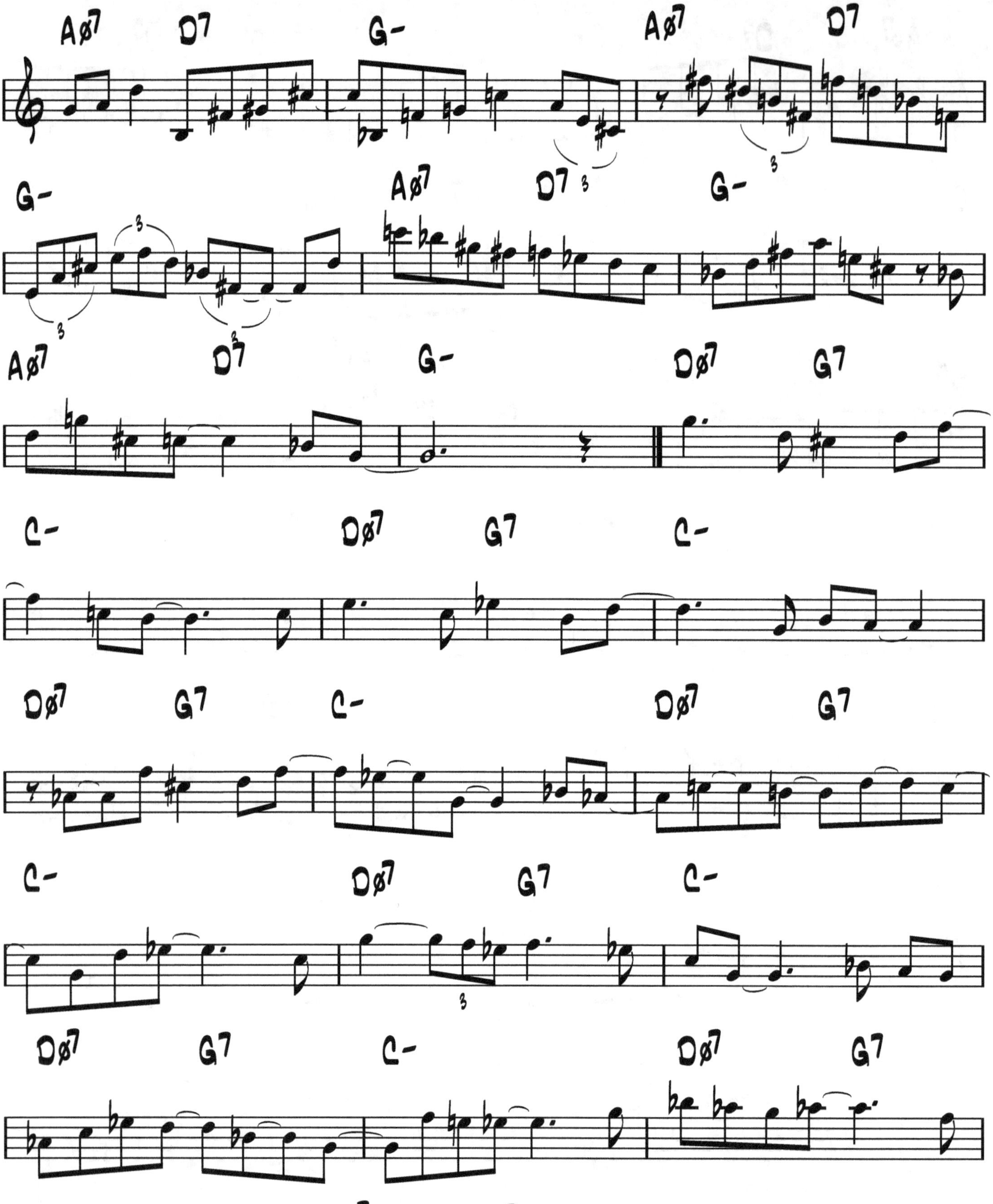
Aø7 D7 G- Aø7 D7
G- Aø7 D7 G-
Aø7 D7 G- Dø7 G7
C- Dø7 G7 C-
Dø7 G7 C- Dø7 G7
C- Dø7 G7 C-
Dø7 G7 C- Dø7 G7
C- Dø7 G7 C-

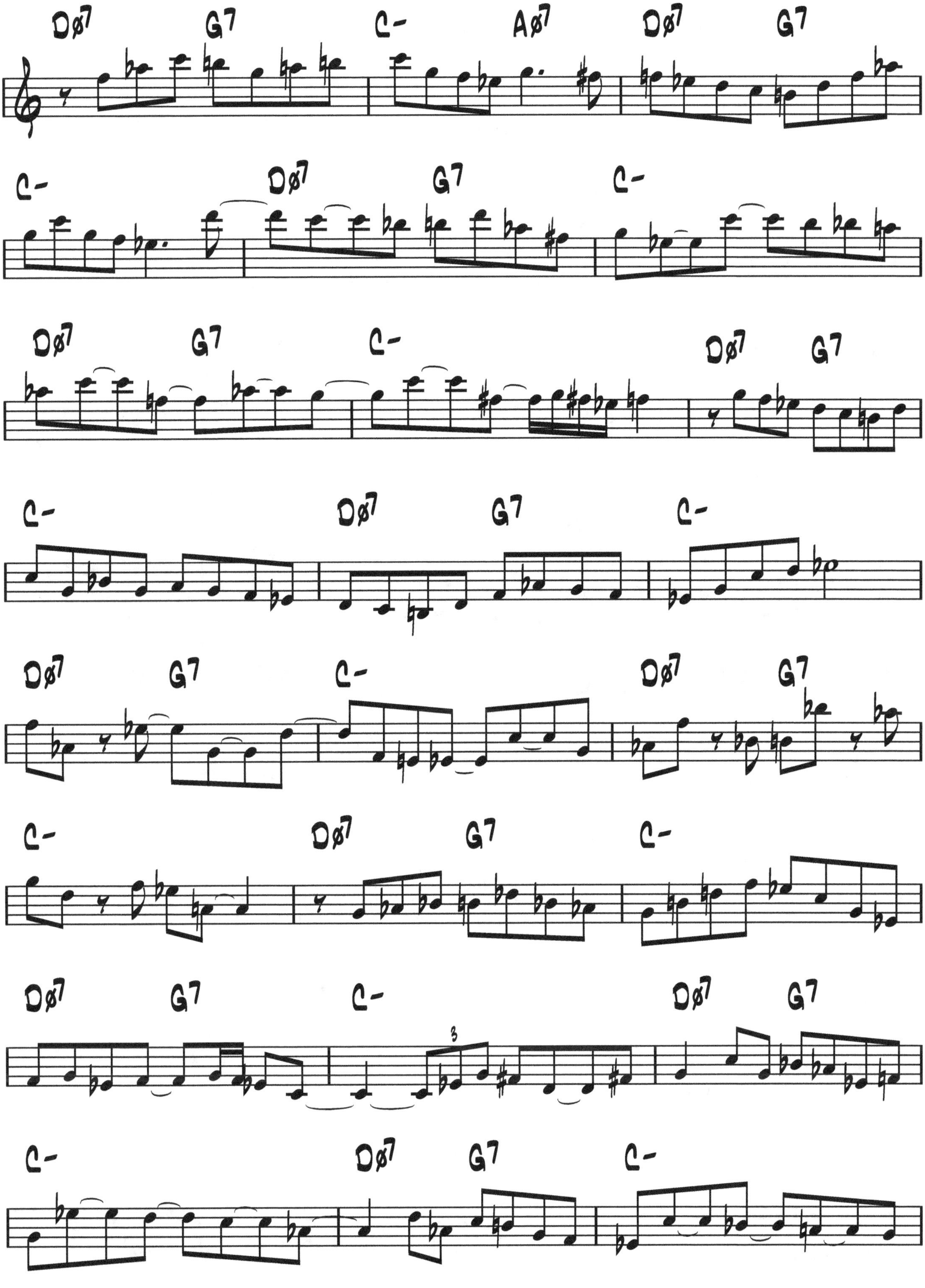
Dø7 G7 C- Aø7 Dø7 G7
C- Dø7 G7 C-
Dø7 G7 C- Dø7 G7
C- Dø7 G7 C-
Dø7 G7 C- Dø7 G7
C- Dø7 G7 C-
Dø7 G7 C- 3 Dø7 G7
C- Dø7 G7 C-

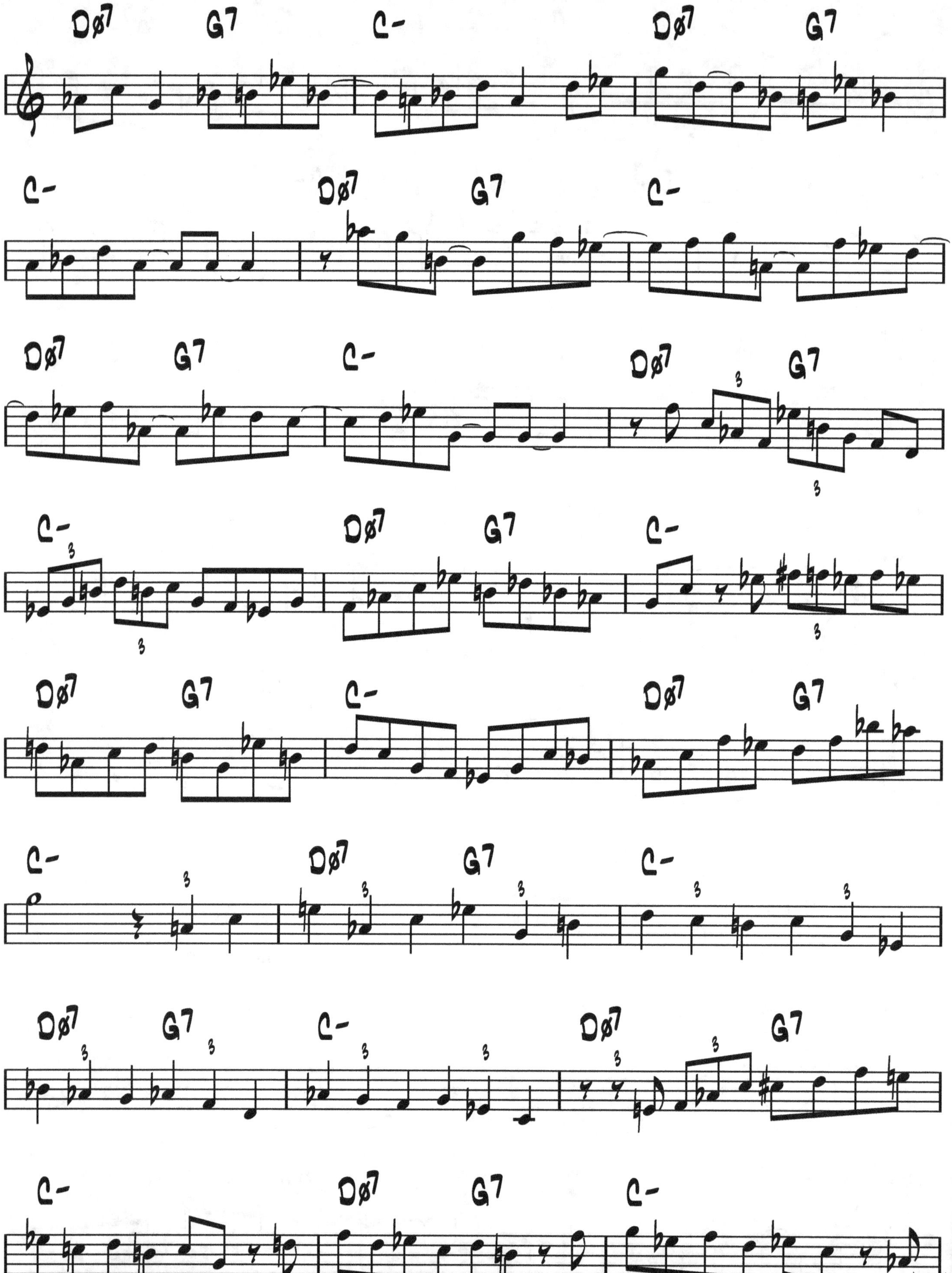
DØ7 G7 C- DØ7 G7
C- DØ7 G7 C-
DØ7 G7 C- DØ7 G7
C- DØ7 G7 C-
DØ7 G7 C- DØ7 G7
C- DØ7 G7 C-
DØ7 G7 C- DØ7 G7
C- DØ7 G7 C-

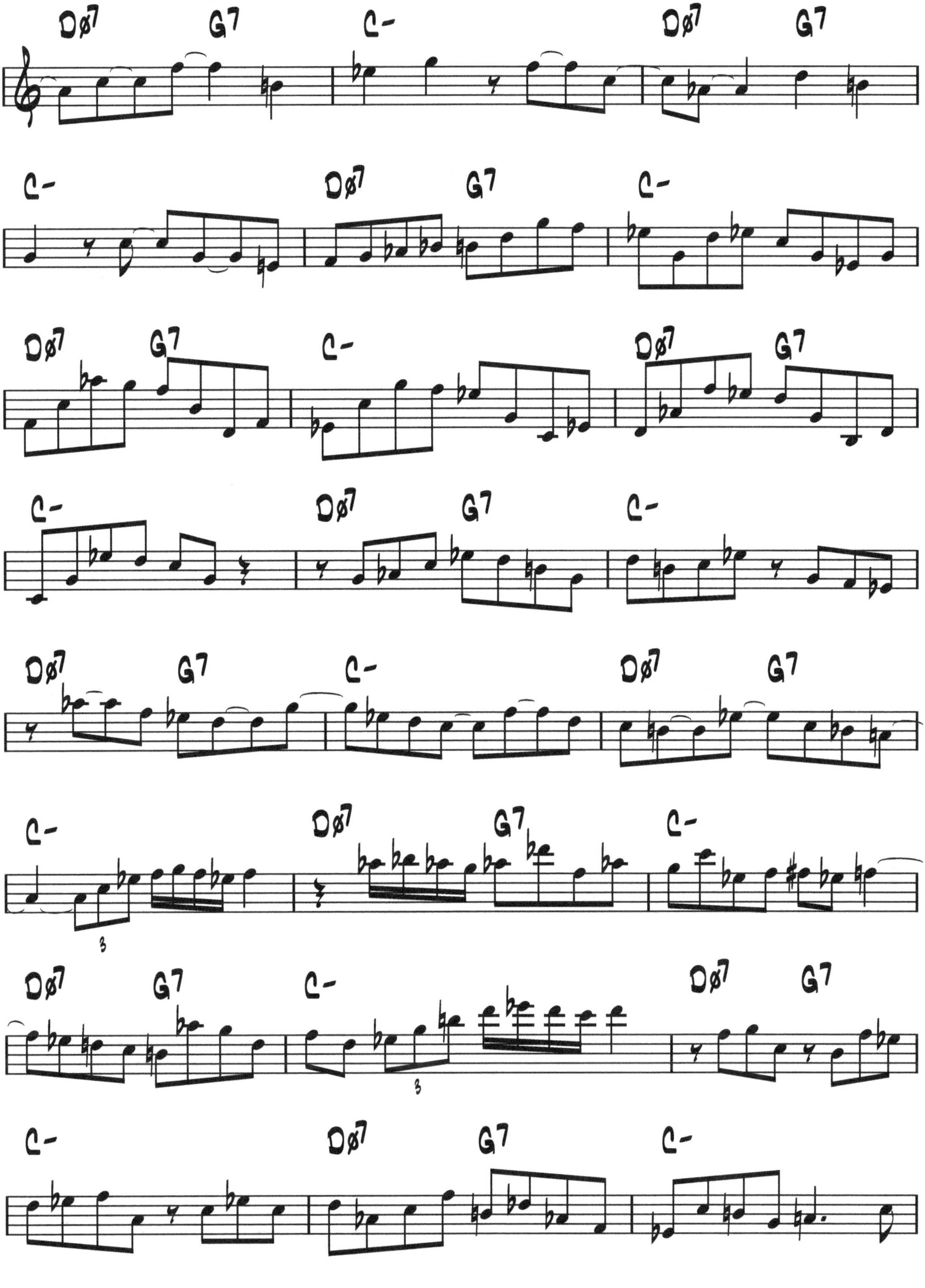
DØ7 G7 C- DØ7 G7
C- DØ7 G7 C-
DØ7 G7 C- DØ7 G7
C- DØ7 G7 C-
DØ7 G7 C- DØ7 G7
C- DØ7 G7 C-
DØ7 G7 C- DØ7 G7
C- DØ7 G7 C-

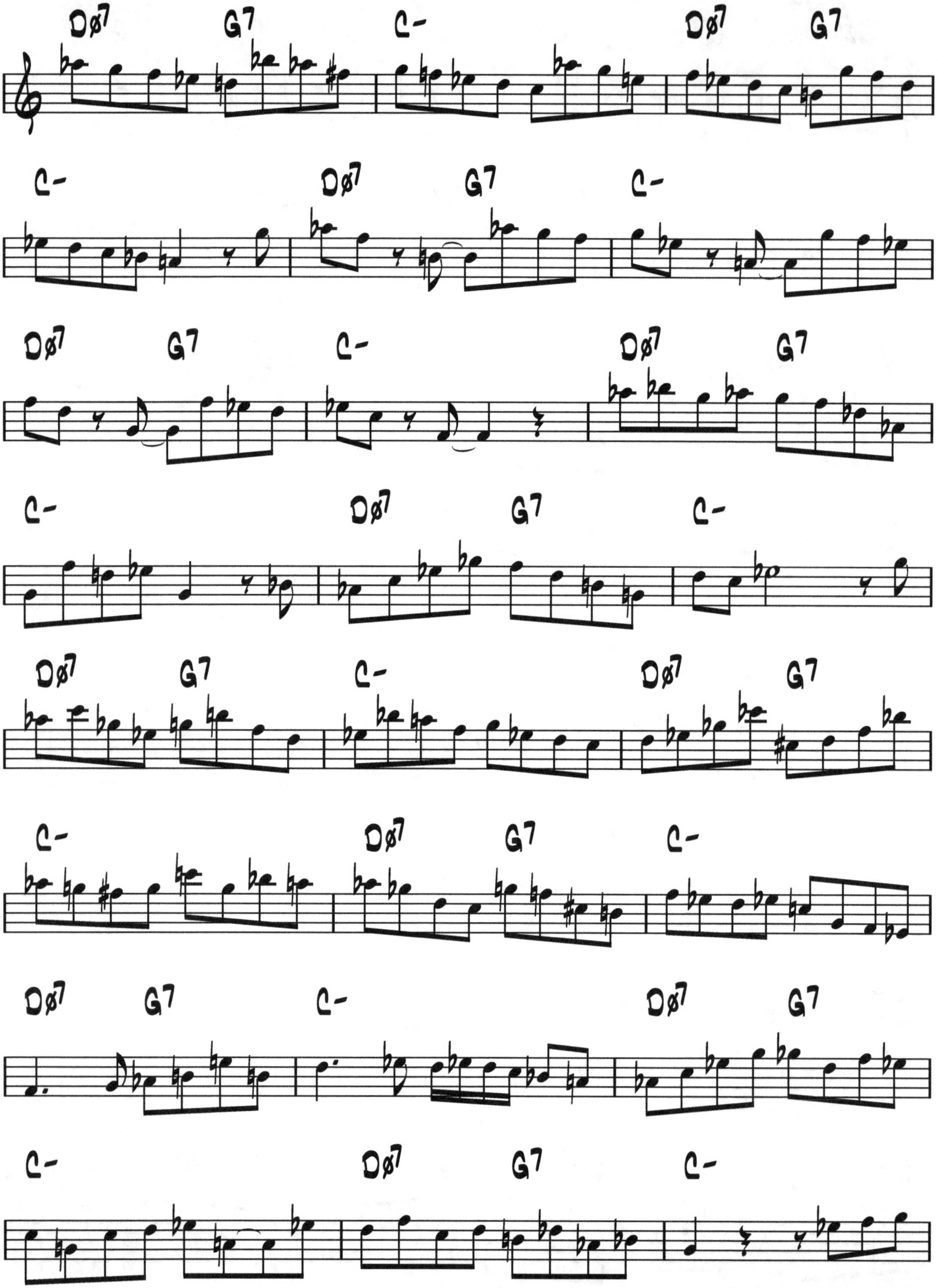
Dø7 G7 C- Dø7 G7
C- Dø7 G7 C-
Dø7 G7 C- Dø7 G7
C- Dø7 G7 C-
Dø7 G7 C- Dø7 G7
C- Dø7 G7 C-
Dø7 G7 C- Dø7 G7
C- Dø7 G7 C-

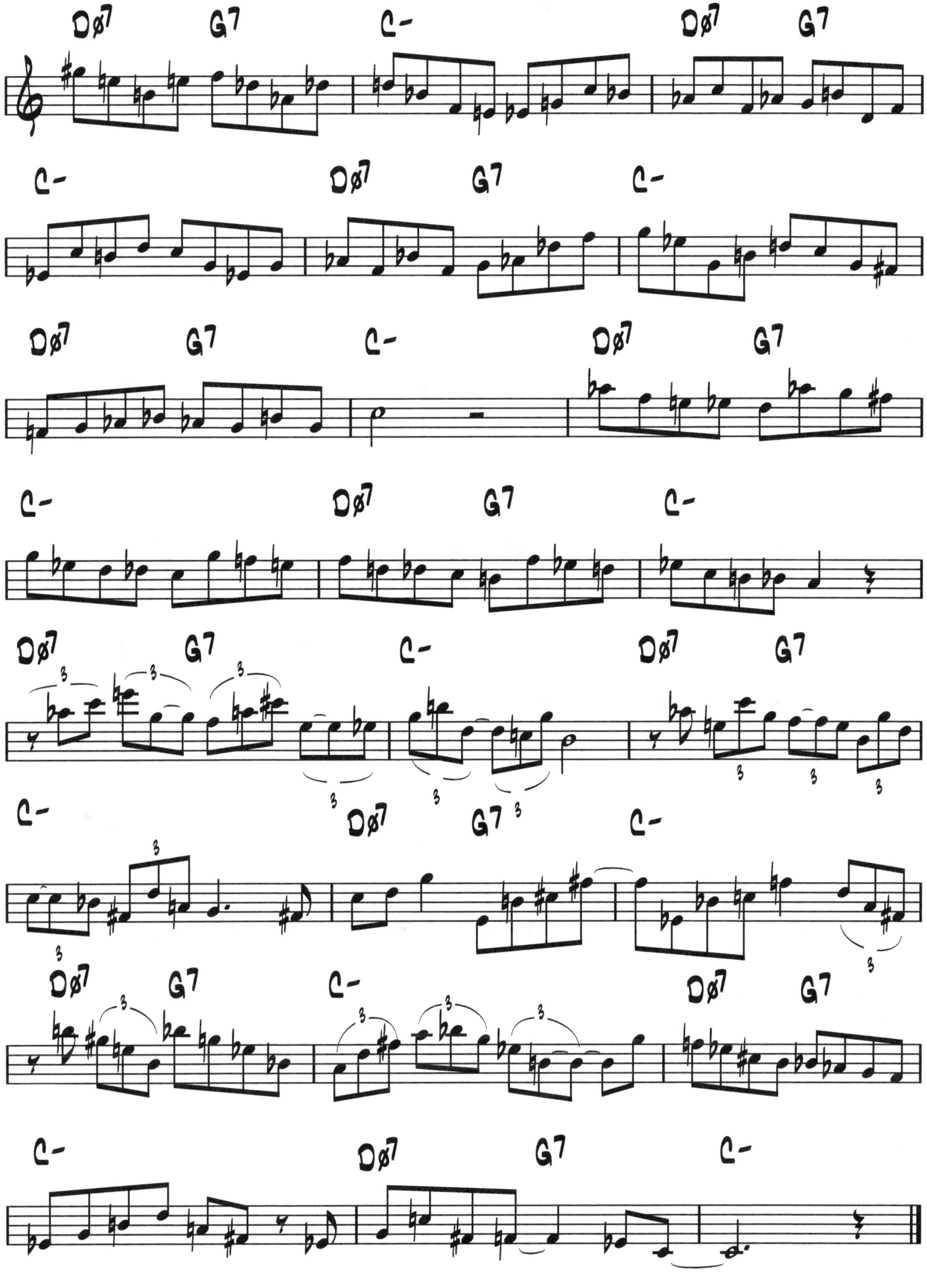
Dø7 G7 C- Dø7 G7
C- Dø7 G7 C-
Dø7 G7 C- Dø7 G7
C- Dø7 G7 C-
Dø7 G7 C- Dø7 G7
C- Dø7 G7 C-
Dø7 G7 C- Dø7 G7
C- Dø7 G7 C-

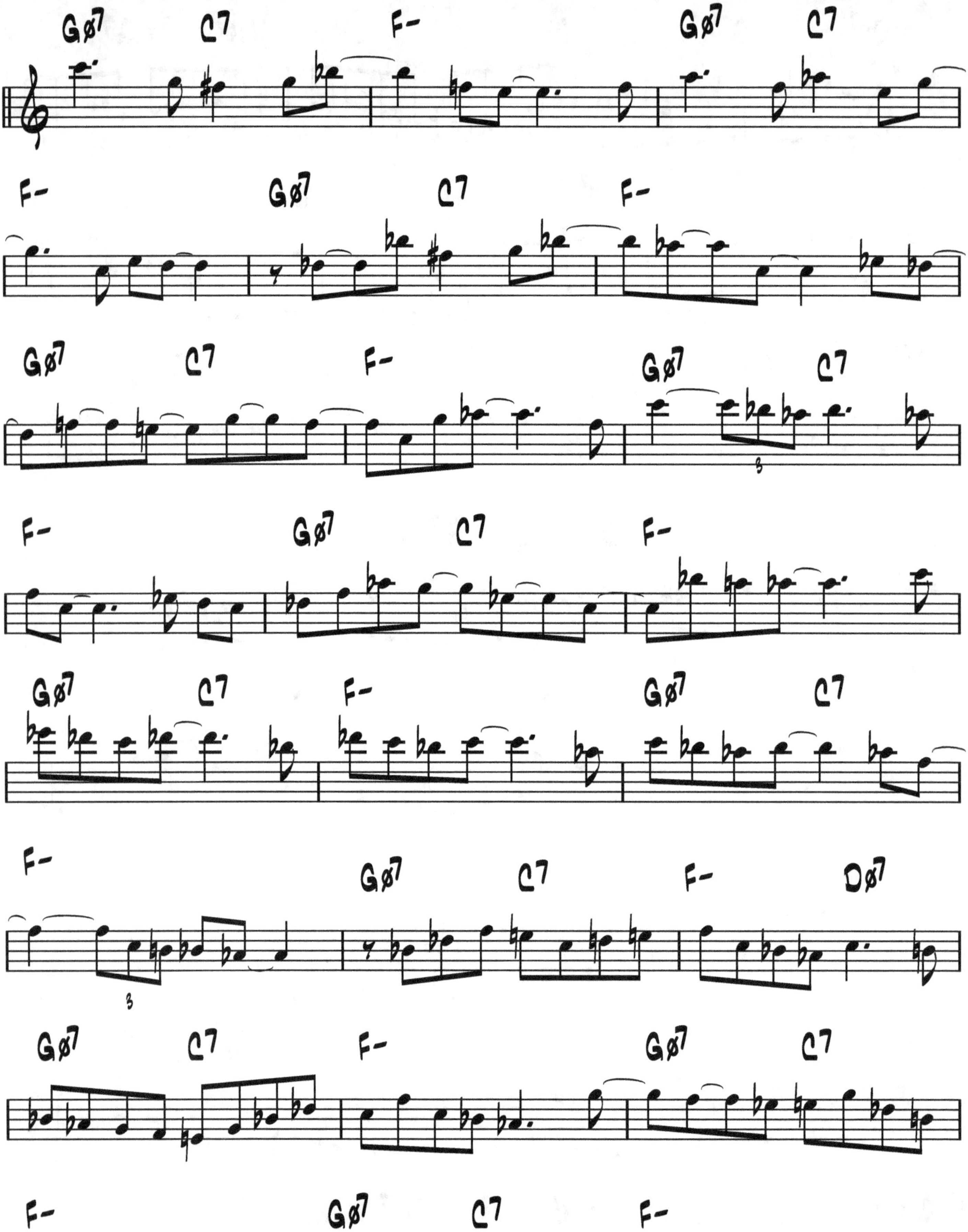
Gø7 C7 F- Gø7 C7
F- Gø7 C7 F-
Gø7 C7 F- Gø7 C7
3
F- Gø7 C7 F-
Gø7 C7 F- Gø7 C7
F- Gø7 C7 F- Dø7
3
Gø7 C7 F- Gø7 C7
F- Gø7 C7 F-

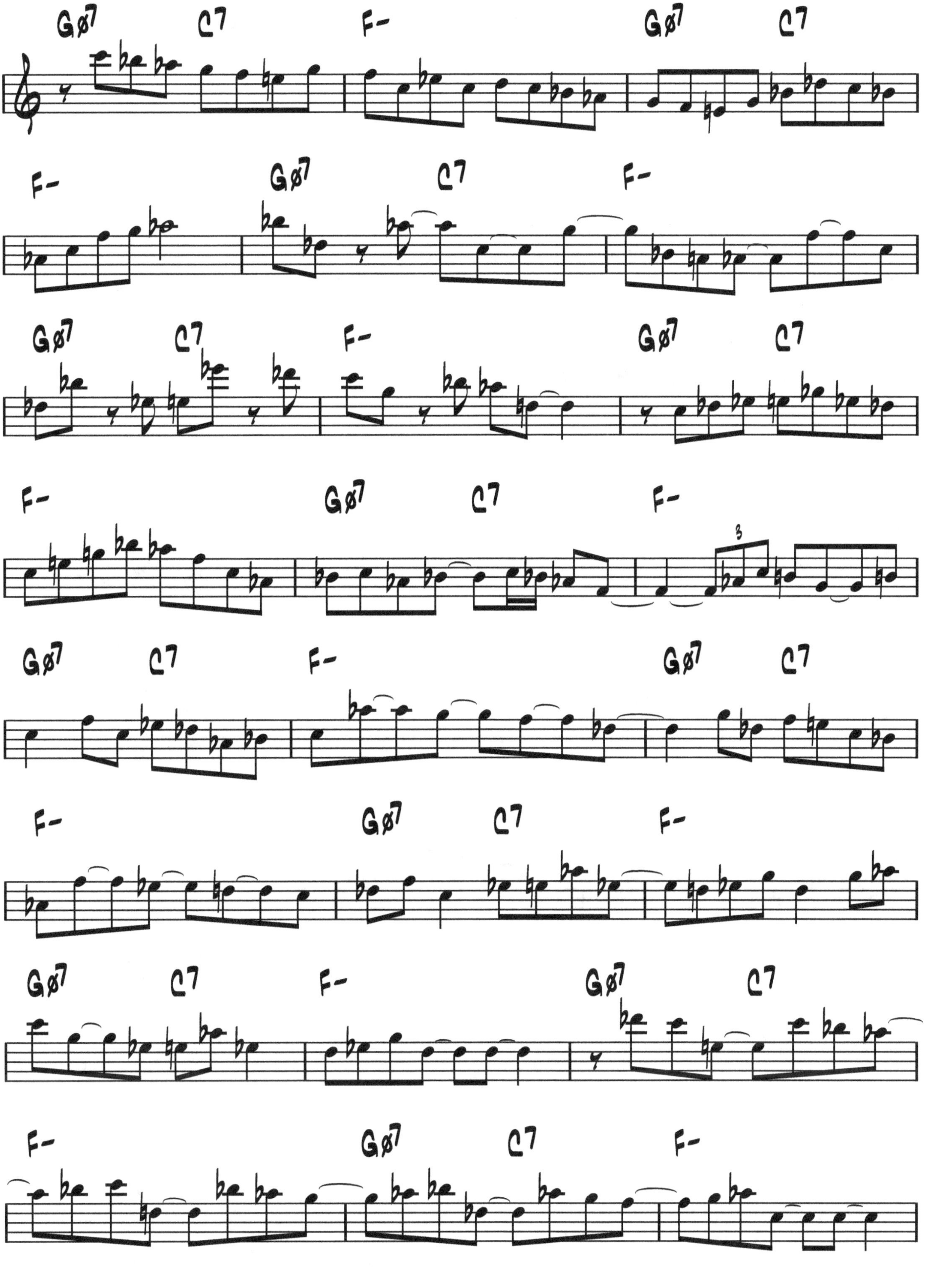
Gø7 C7 F– Gø7 C7
F– Gø7 C7 F–
Gø7 C7 F– Gø7 C7
F– Gø7 C7 F–
3
Gø7 C7 F– Gø7 C7
F– Gø7 C7 F–
Gø7 C7 F– Gø7 C7
F– Gø7 C7 F–

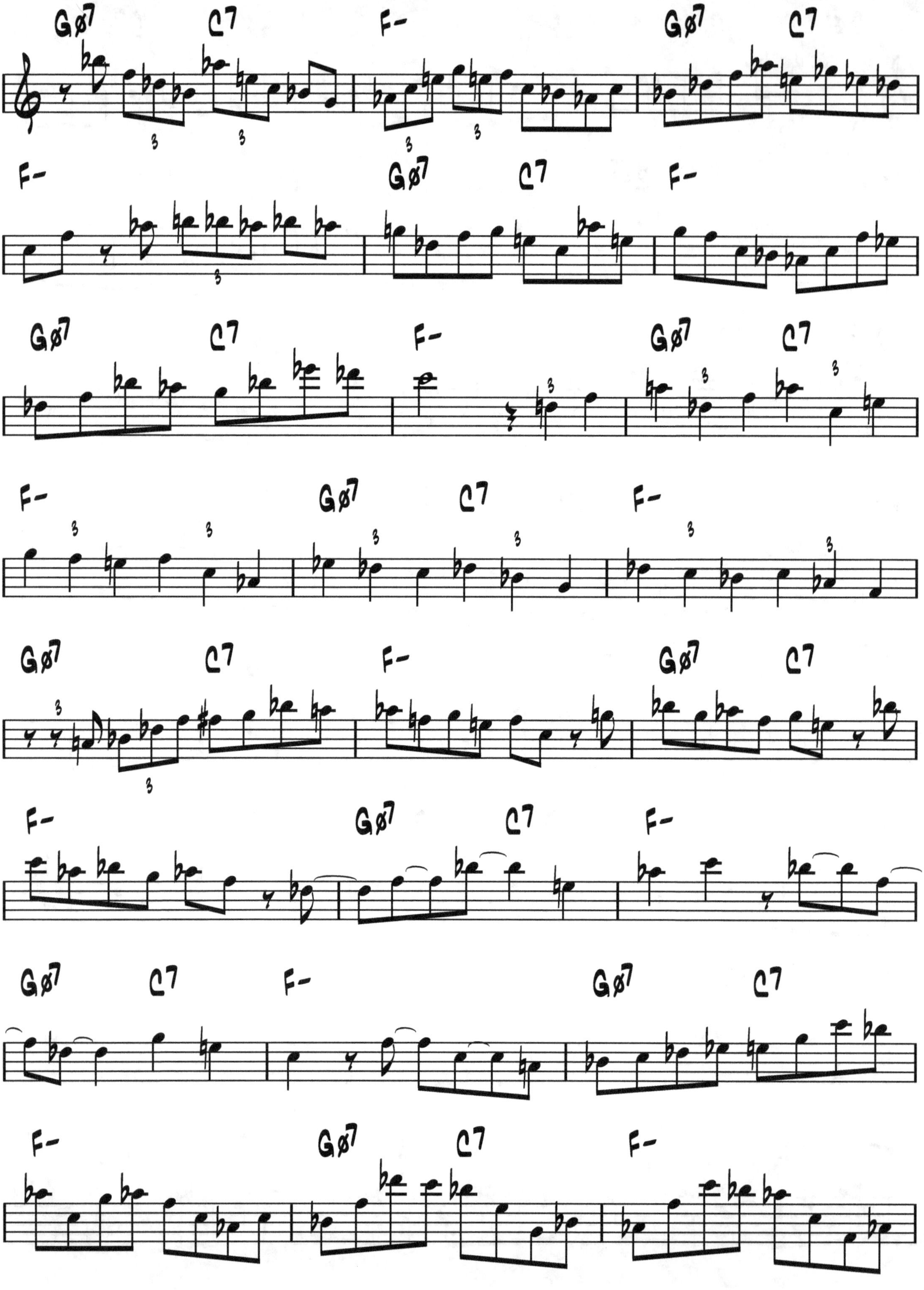
Gø7 C7 F- Gø7 C7
F- Gø7 C7 F-
Gø7 C7 F- Gø7 C7
F- Gø7 C7 F-
Gø7 C7 F- Gø7 C7
F- Gø7 C7 F-
Gø7 C7 F- Gø7 C7
F- Gø7 C7 F-

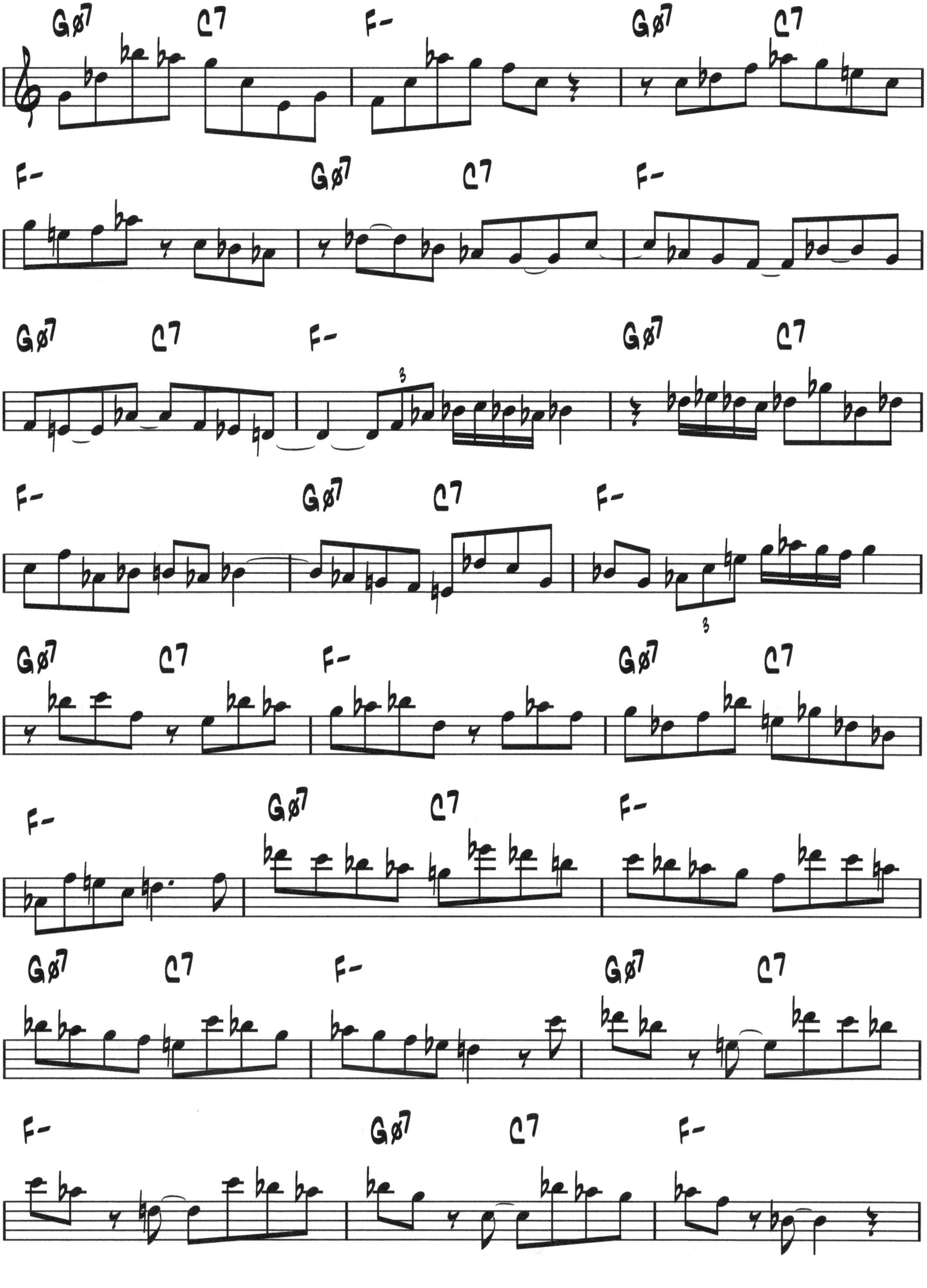
Gø7 C7 F- Gø7 C7
F- Gø7 C7 F-
Gø7 C7 F- Gø7 C7
F- Gø7 C7 F-
Gø7 C7 F- Gø7 C7
F- Gø7 C7 F-
Gø7 C7 F- Gø7 C7
F- Gø7 C7 F-

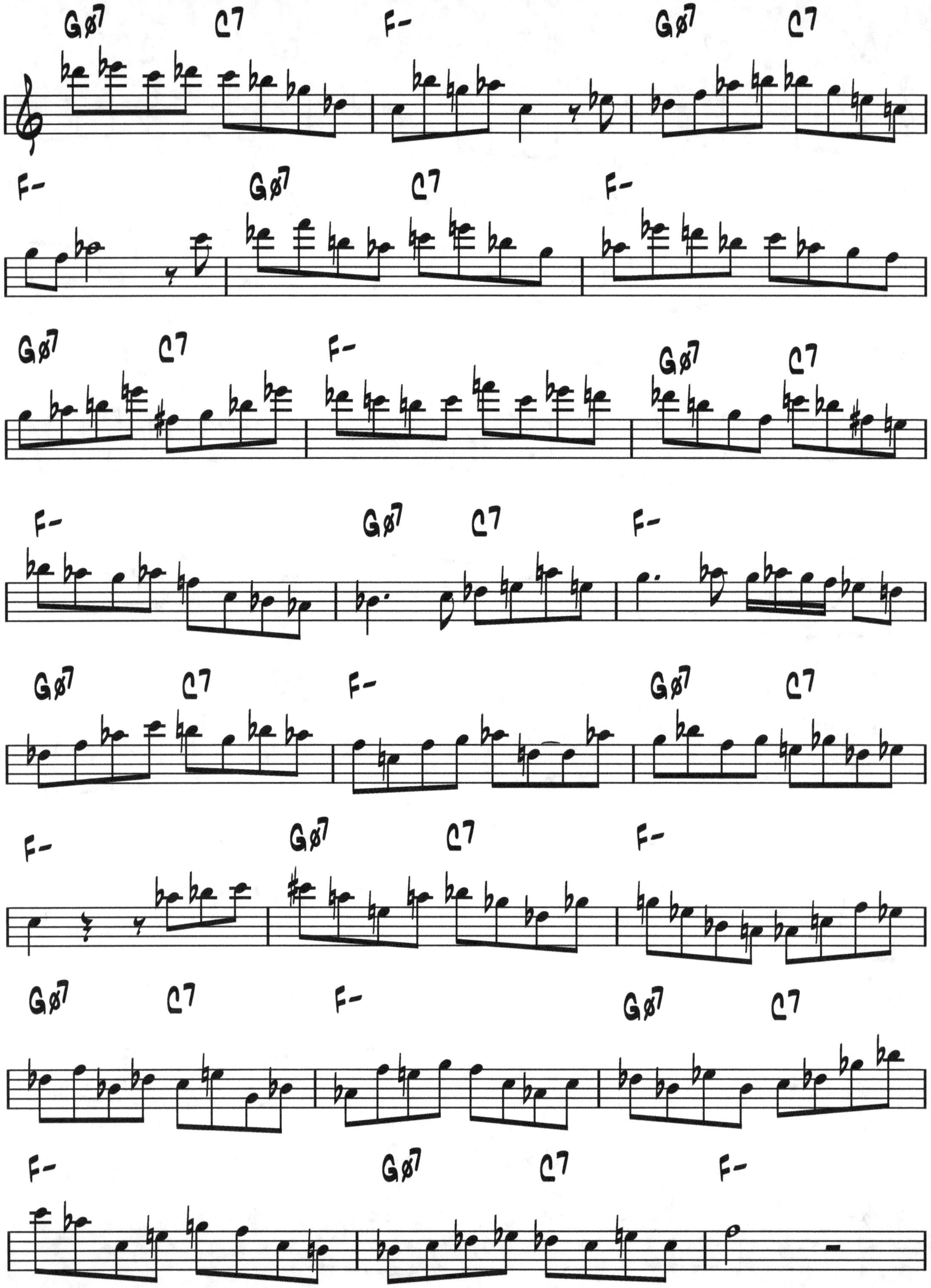
Gø7 C7 F– Gø7 C7
F– Gø7 C7 F–
Gø7 C7 F– Gø7 C7
F– Gø7 C7 F–
Gø7 C7 F– Gø7 C7
F– Gø7 C7 F–
Gø7 C7 F– Gø7 C7
F– Gø7 C7 F–

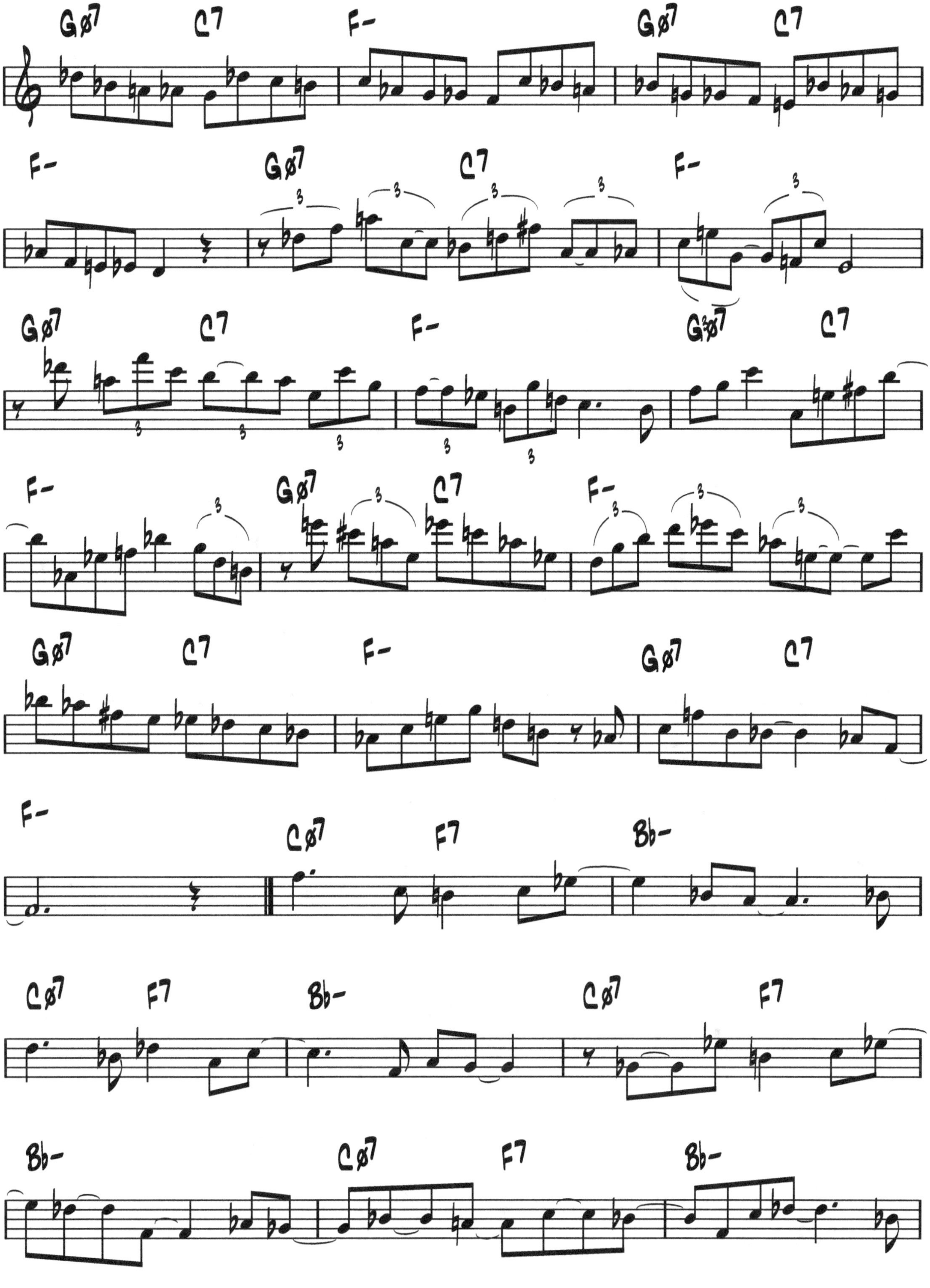

Gø7 C7 F- Gø7 C7
F- Gø7 C7 F-
Gø7 C7 F- Gø7 C7
F- Gø7 C7 F-
Gø7 C7 F- Gø7 C7
F- Cø7 F7 Bb-
Cø7 F7 Bb- Cø7 F7
Bb- Cø7 F7 Bb-

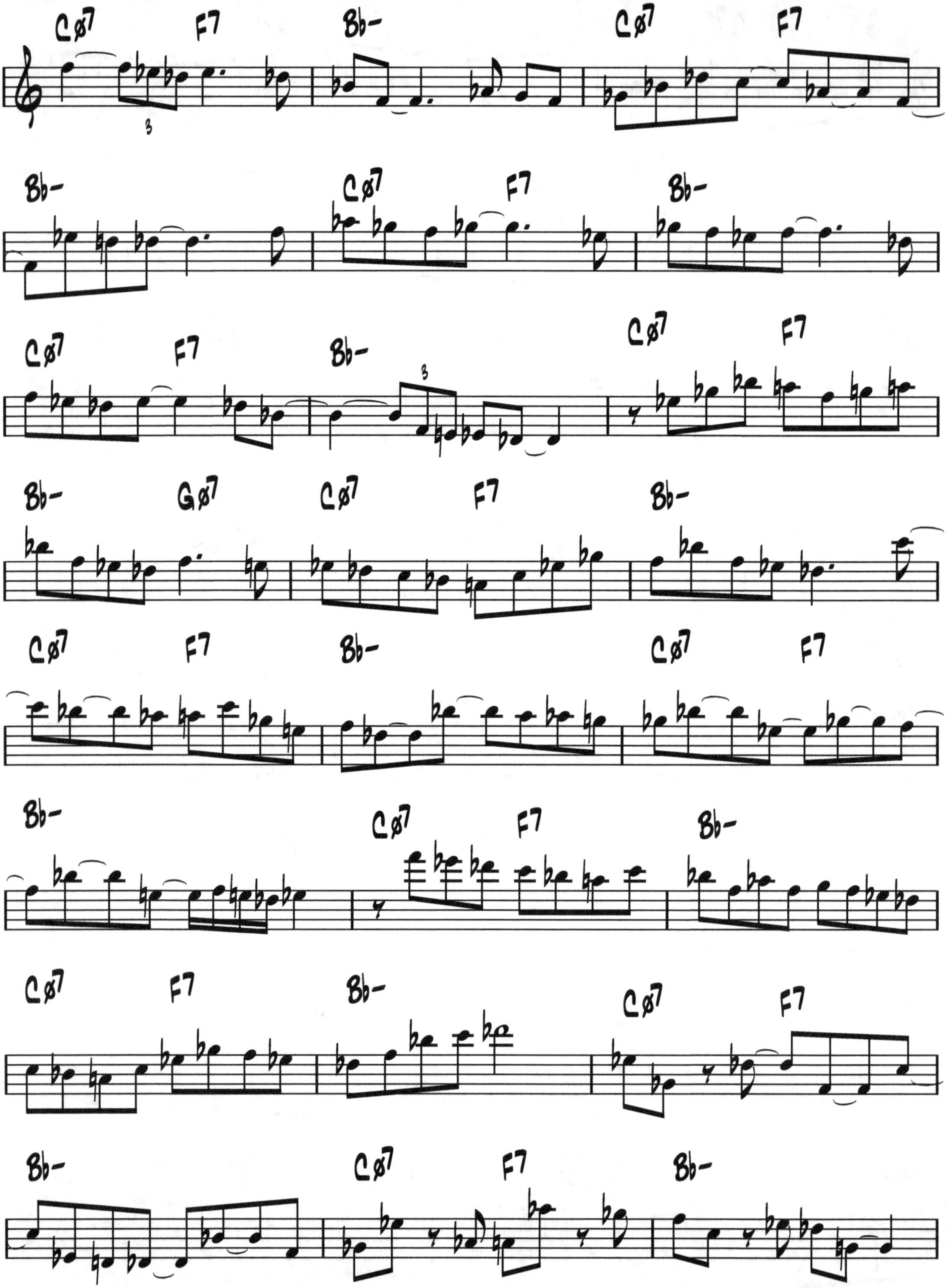
Cø7 F7 Bb- Cø7 F7
Bb- Cø7 F7 Bb-
Cø7 F7 Bb- Cø7 F7
Bb- Gø7 Cø7 F7 Bb-
Cø7 F7 Bb- Cø7 F7
Bb- Cø7 F7 Bb-
Cø7 F7 Bb- Cø7 F7
Bb- Cø7 F7 Bb-

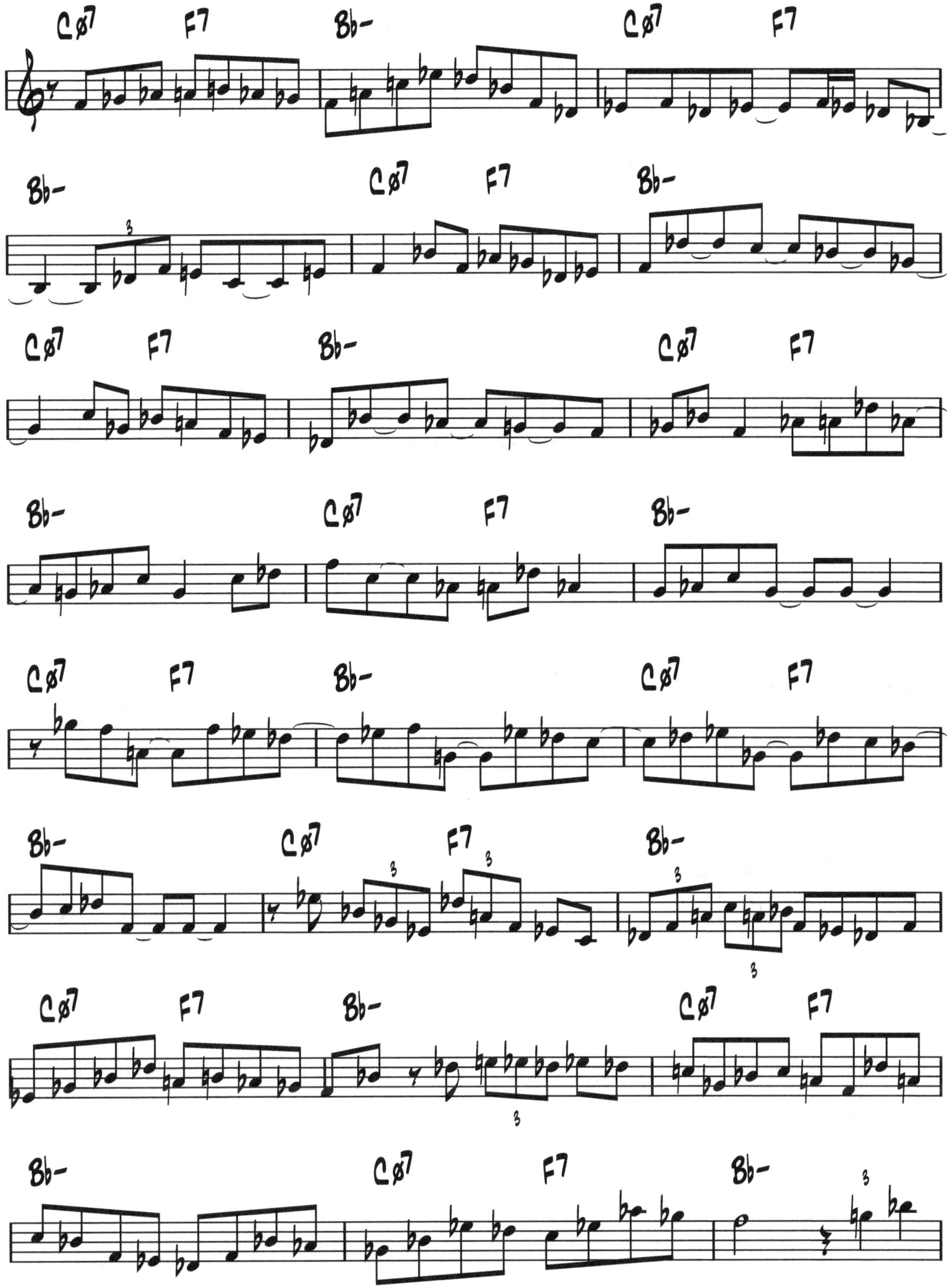
Cø7 F7 Bb- Cø7 F7
Bb- Cø7 F7 Bb-
Cø7 F7 Bb- Cø7 F7
Bb- Cø7 F7 Bb-
Cø7 F7 Bb- Cø7 F7
Bb- Cø7 F7 Bb-
Cø7 F7 Bb- Cø7 F7
Bb- Cø7 F7 Bb-

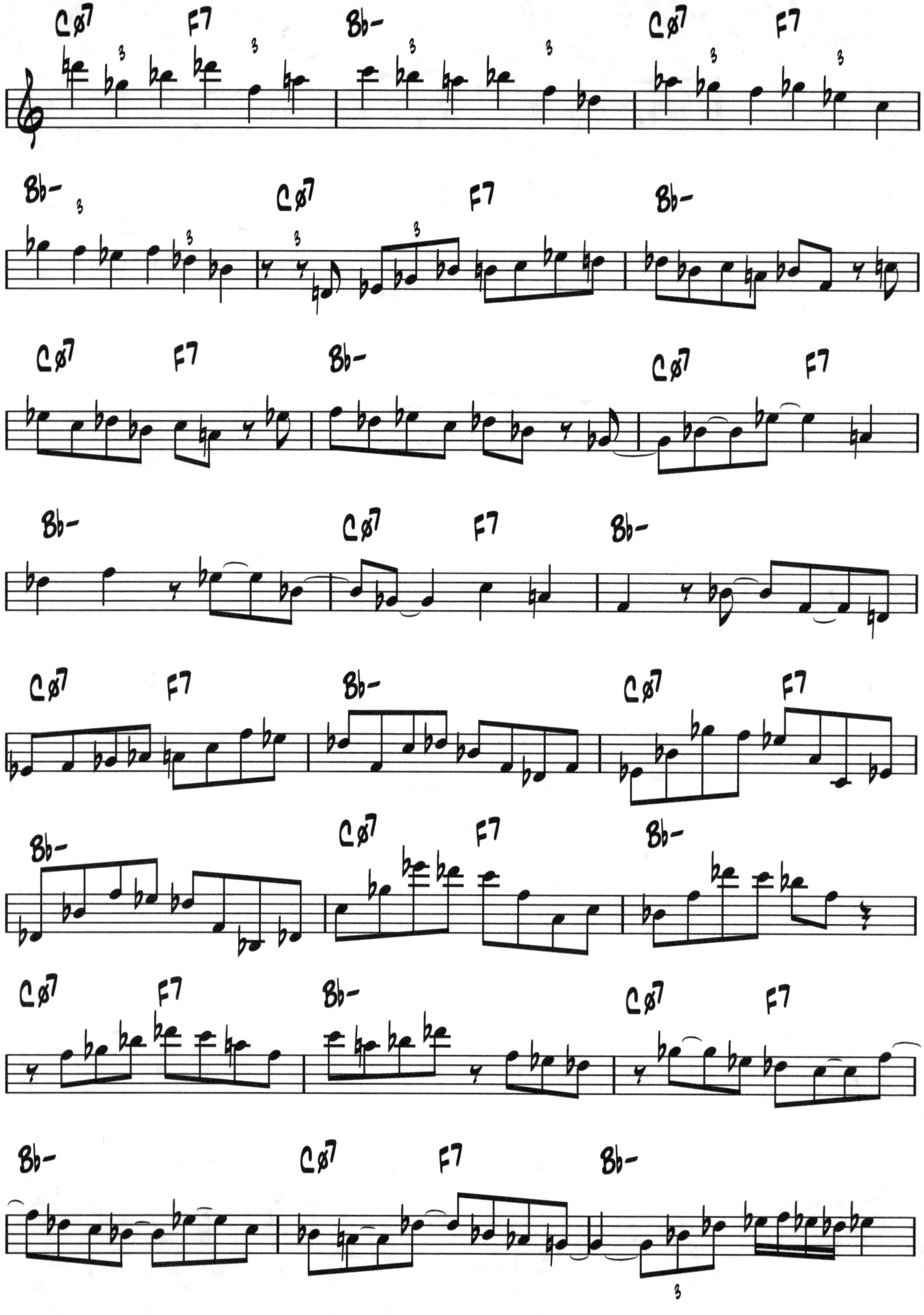

Cø7 F7 Bb- Cø7 F7
Bb- Cø7 F7 Bb-
Cø7 F7 Bb- Cø7 F7
Bb- Cø7 F7 Bb-
Cø7 F7 Bb- Cø7 F7
Bb- Cø7 F7 Bb-
Cø7 F7 Bb- Cø7 F7
Bb- Cø7 F7 Bb-

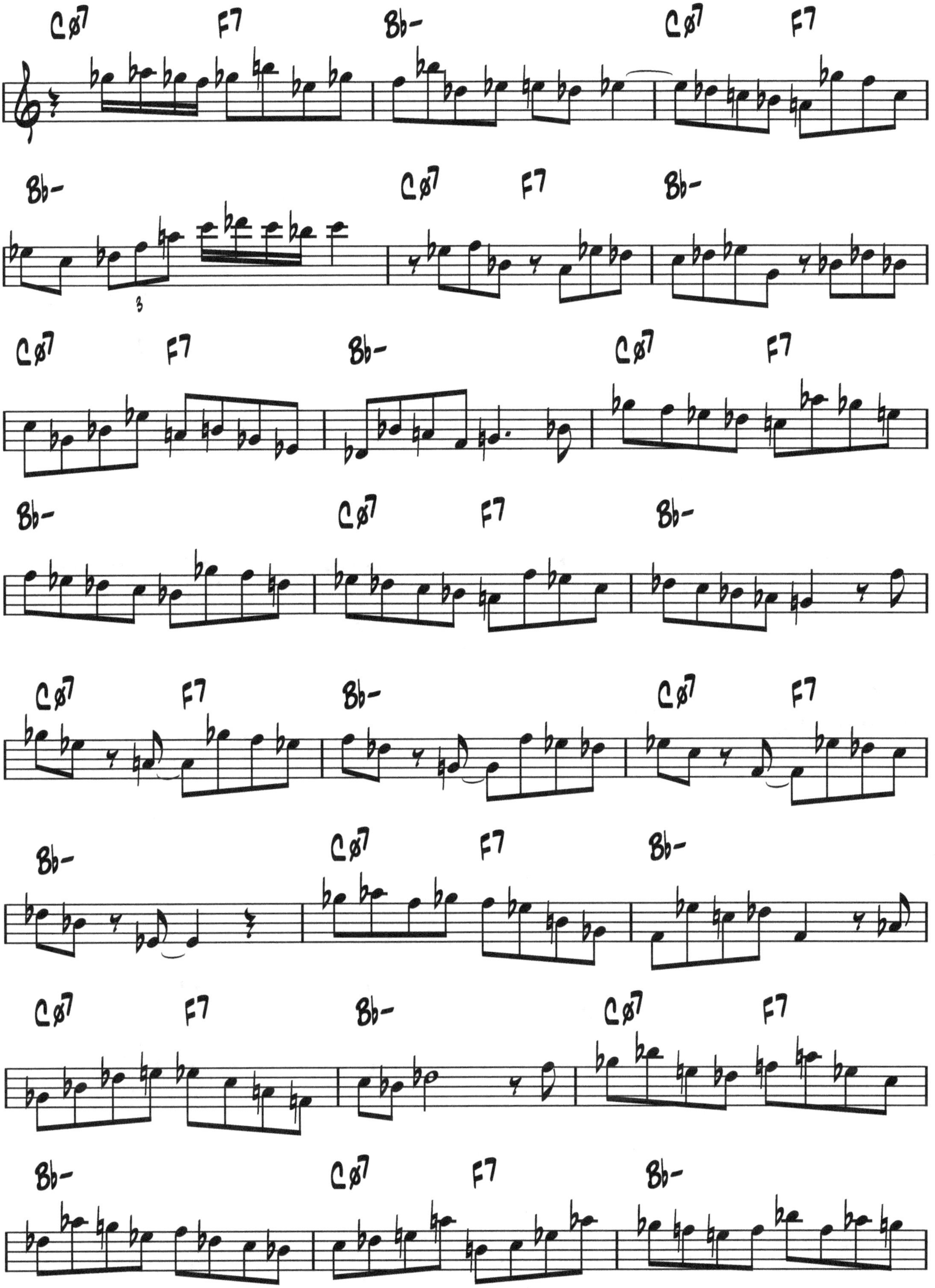
Cø7 F7 Bb- Cø7 F7
Bb- Cø7 F7 Bb-
3
Cø7 F7 Bb- Cø7 F7
Bb- Cø7 F7 Bb-
Cø7 F7 Bb- Cø7 F7
Bb- Cø7 F7 Bb-
Cø7 F7 Bb- Cø7 F7
Bb- Cø7 F7 Bb-

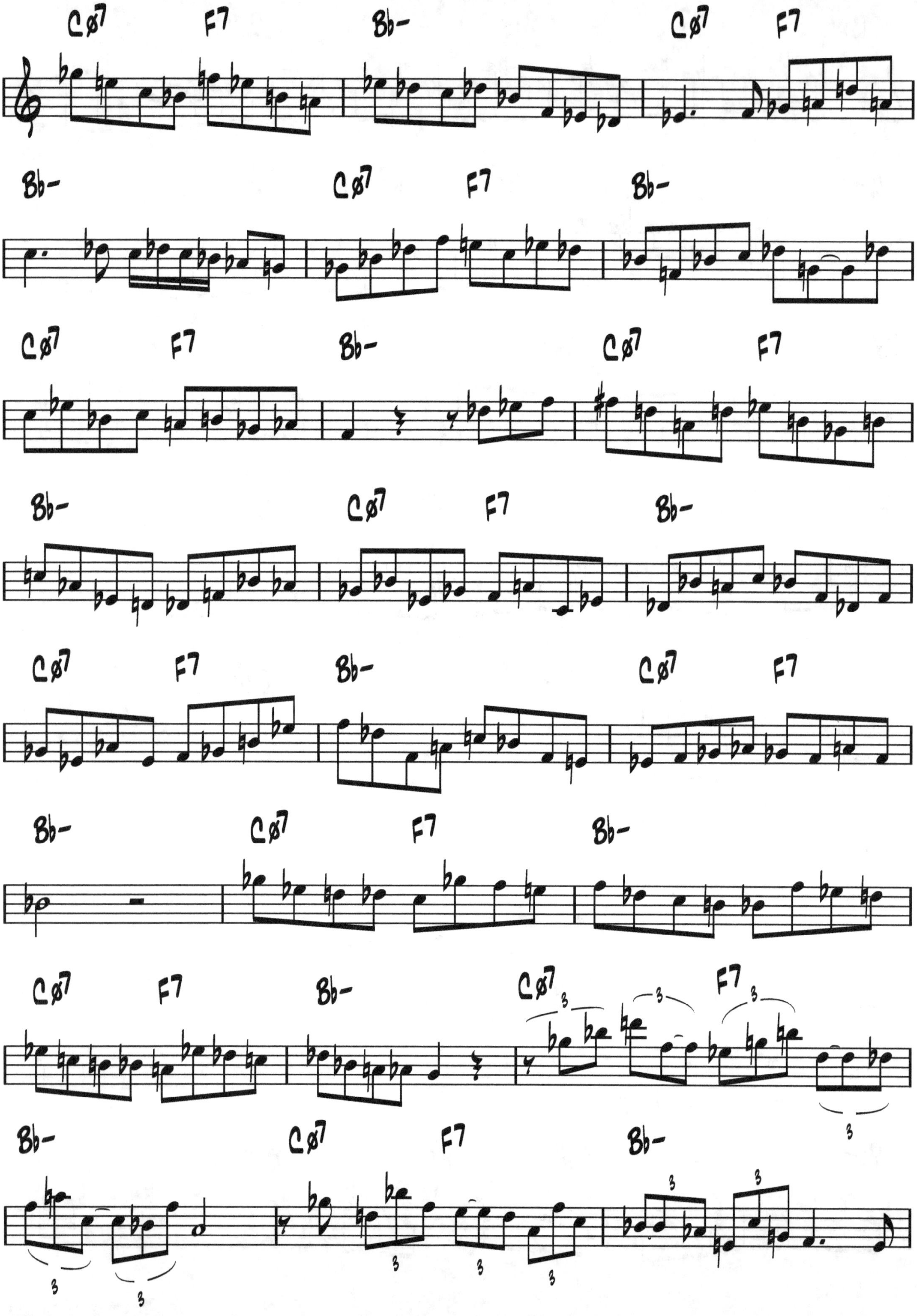
Cø7 F7 Bb- Cø7 F7
Bb- Cø7 F7 Bb-
Cø7 F7 Bb- Cø7 F7
Bb- Cø7 F7 Bb-
Cø7 F7 Bb- Cø7 F7
Bb- Cø7 F7 Bb-
Cø7 F7 Bb- Cø7 F7
Bb- Cø7 F7 Bb-

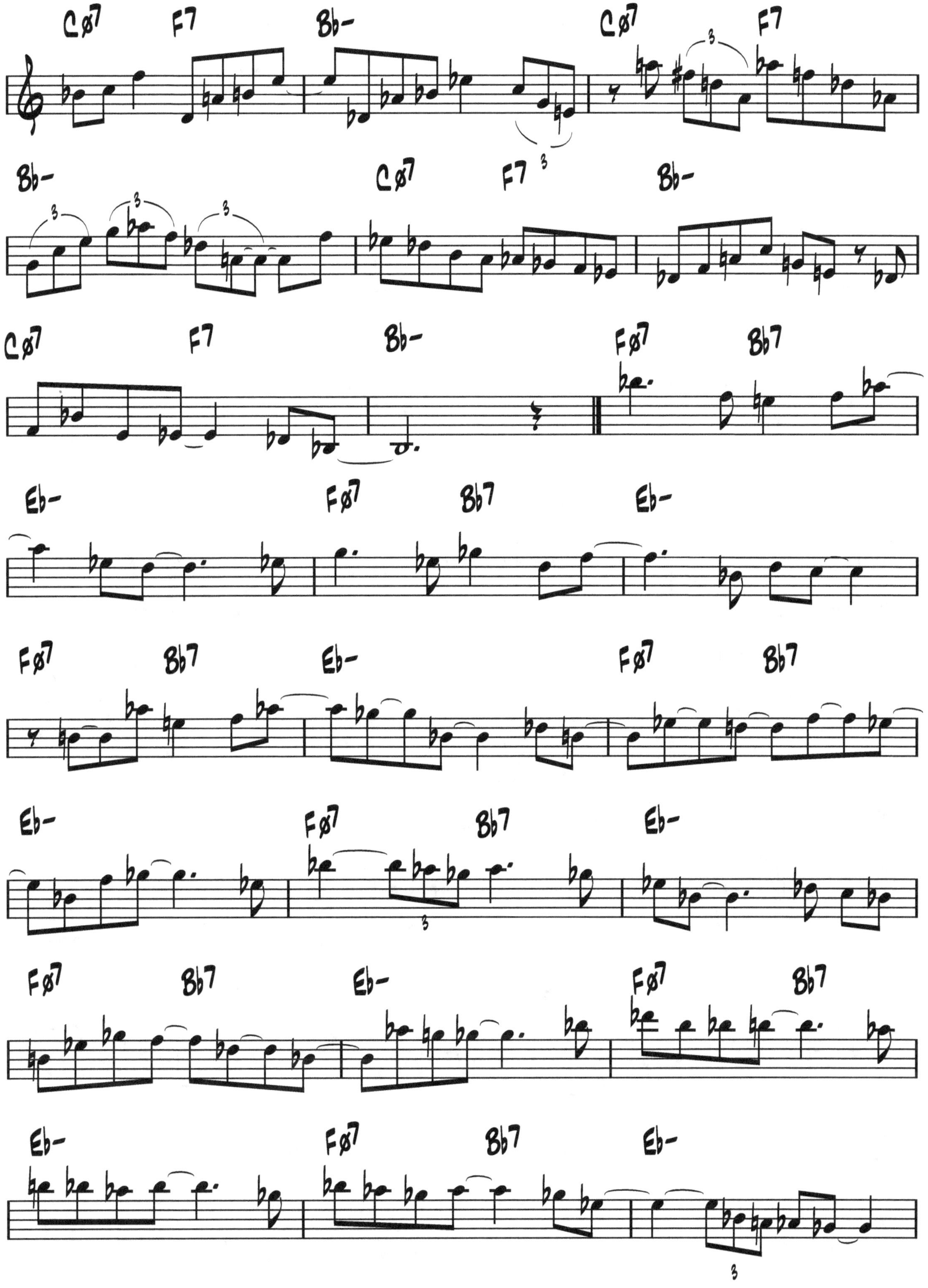
Cø7 F7 Bb- Cø7 F7
Bb- Cø7 F7 Bb-
Cø7 F7 Bb- Fø7 Bb7
Eb- Fø7 Bb7 Eb-
Fø7 Bb7 Eb- Fø7 Bb7
Eb- Fø7 Bb7 Eb-
Fø7 Bb7 Eb- Fø7 Bb7
Eb- Fø7 Bb7 Eb-

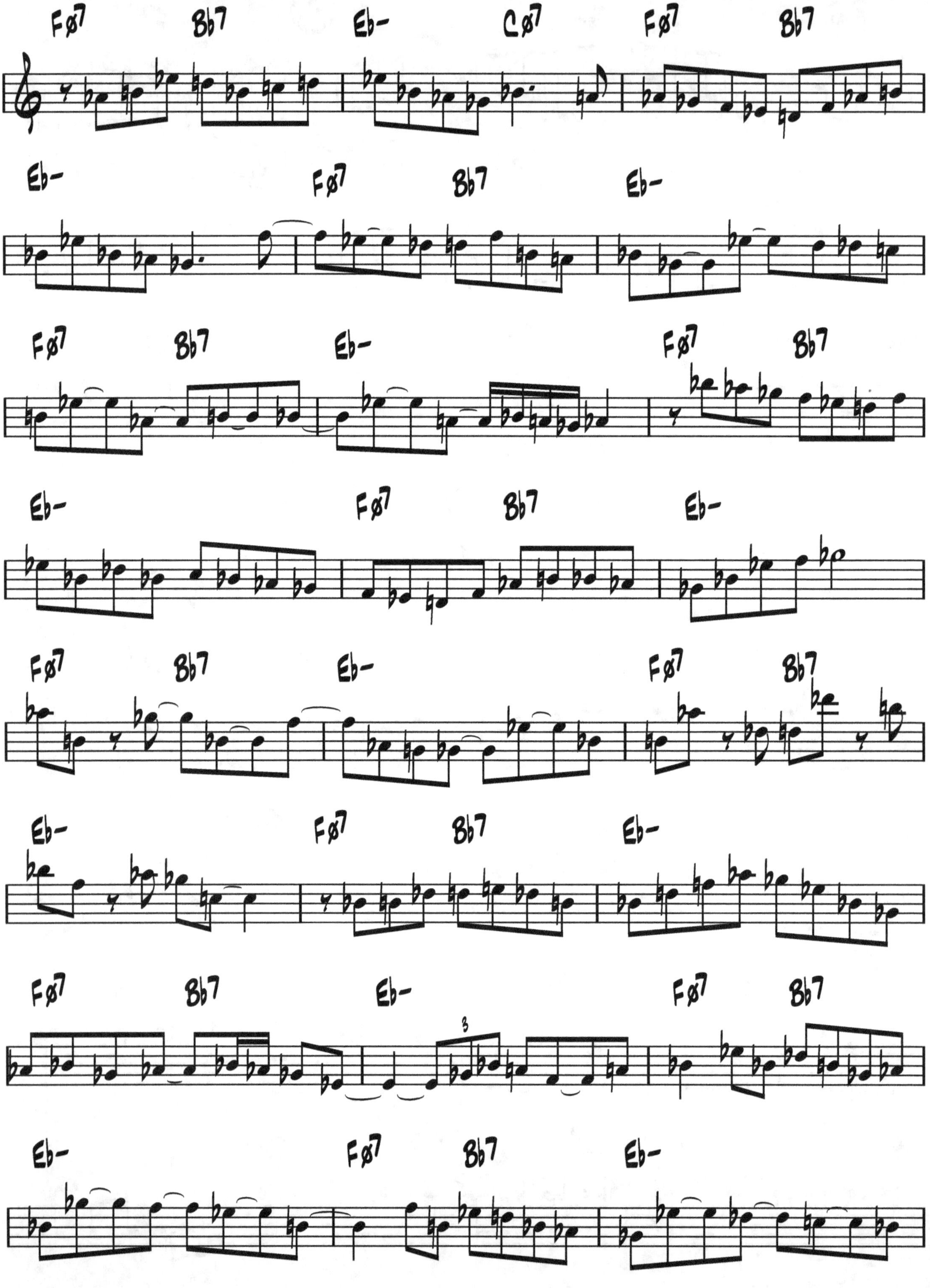
Fø7 Bb7 Eb- Cø7 Fø7 Bb7
Eb- Fø7 Bb7 Eb-
Fø7 Bb7 Eb- Fø7 Bb7
Eb- Fø7 Bb7 Eb-
Fø7 Bb7 Eb- Fø7 Bb7
Eb- Fø7 Bb7 Eb-
Fø7 Bb7 Eb- 3 Fø7 Bb7
Eb- Fø7 Bb7 Eb-

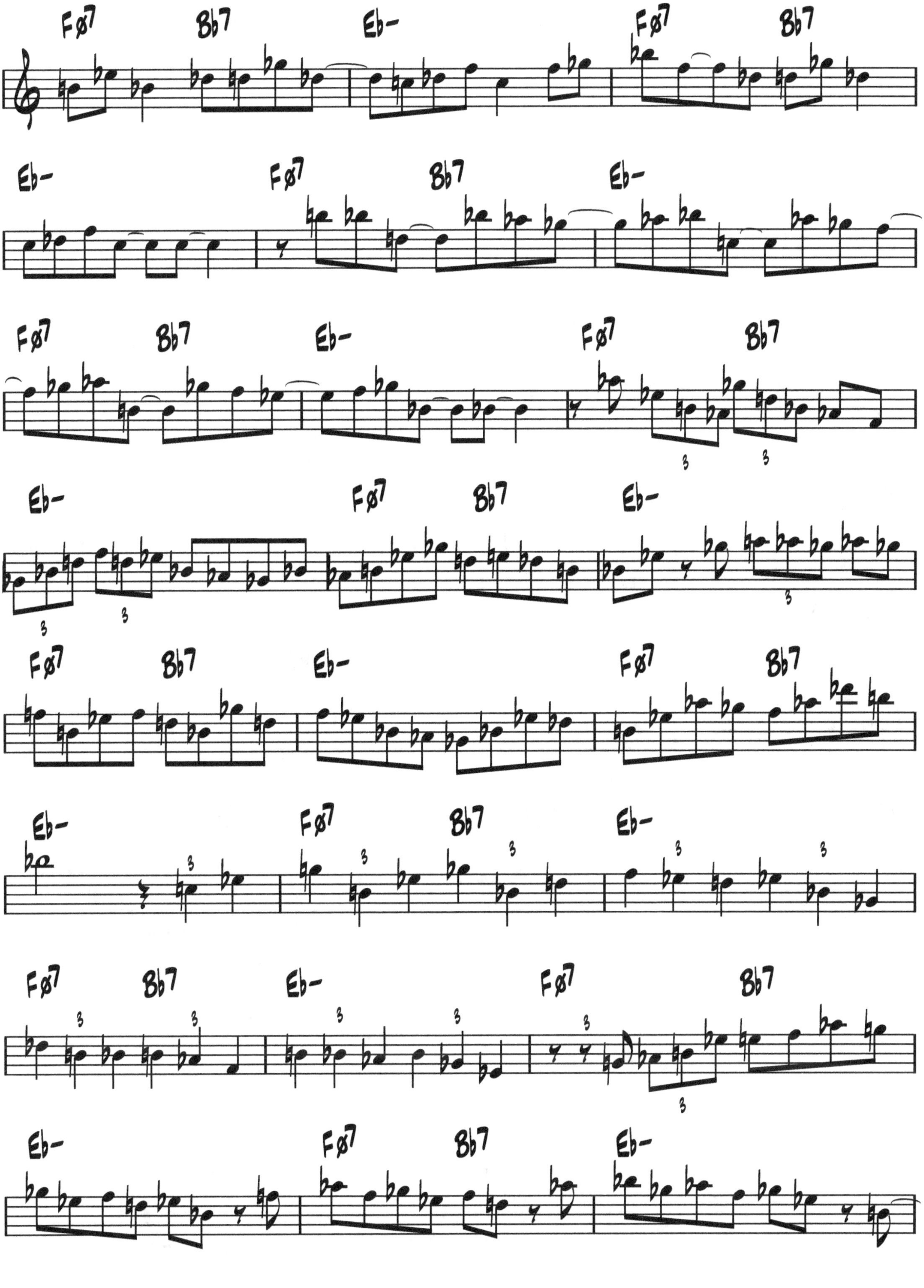
Fø7 Bb7 Eb- Fø7 Bb7
Eb- Fø7 Bb7 Eb-
Fø7 Bb7 Eb- Fø7 Bb7
Eb- Fø7 Bb7 Eb-
Fø7 Bb7 Eb- Fø7 Bb7
Eb- Fø7 Bb7 Eb-
Fø7 Bb7 Eb- Fø7 Bb7
Eb- Fø7 Bb7 Eb-

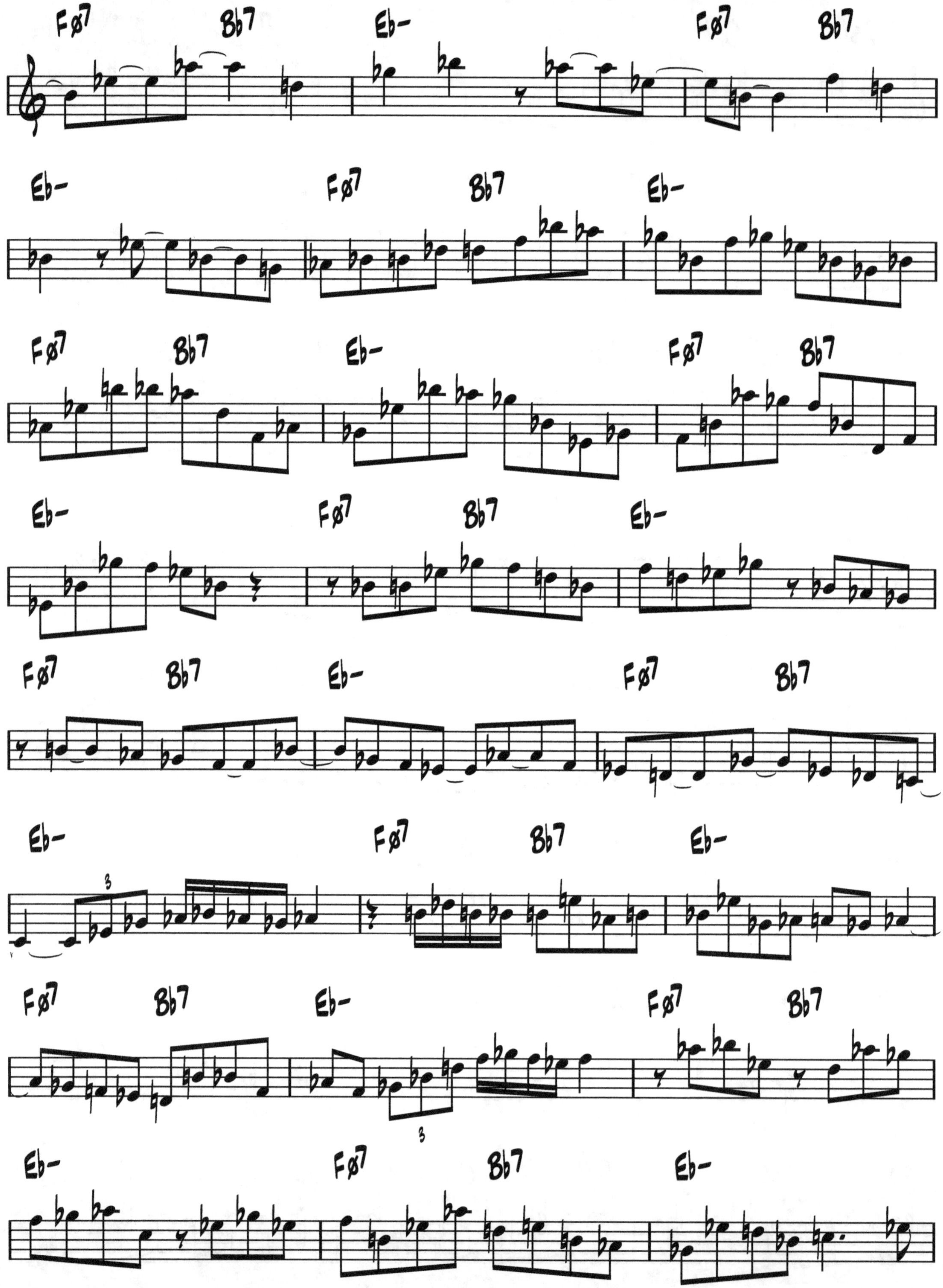
F∅7 Bb7 Eb- F∅7 Bb7
Eb- F∅7 Bb7 Eb-
F∅7 Bb7 Eb- F∅7 Bb7
Eb- F∅7 Bb7 Eb-
F∅7 Bb7 Eb- F∅7 Bb7
Eb- F∅7 Bb7 Eb-
F∅7 Bb7 Eb- F∅7 Bb7
Eb- F∅7 Bb7 Eb-

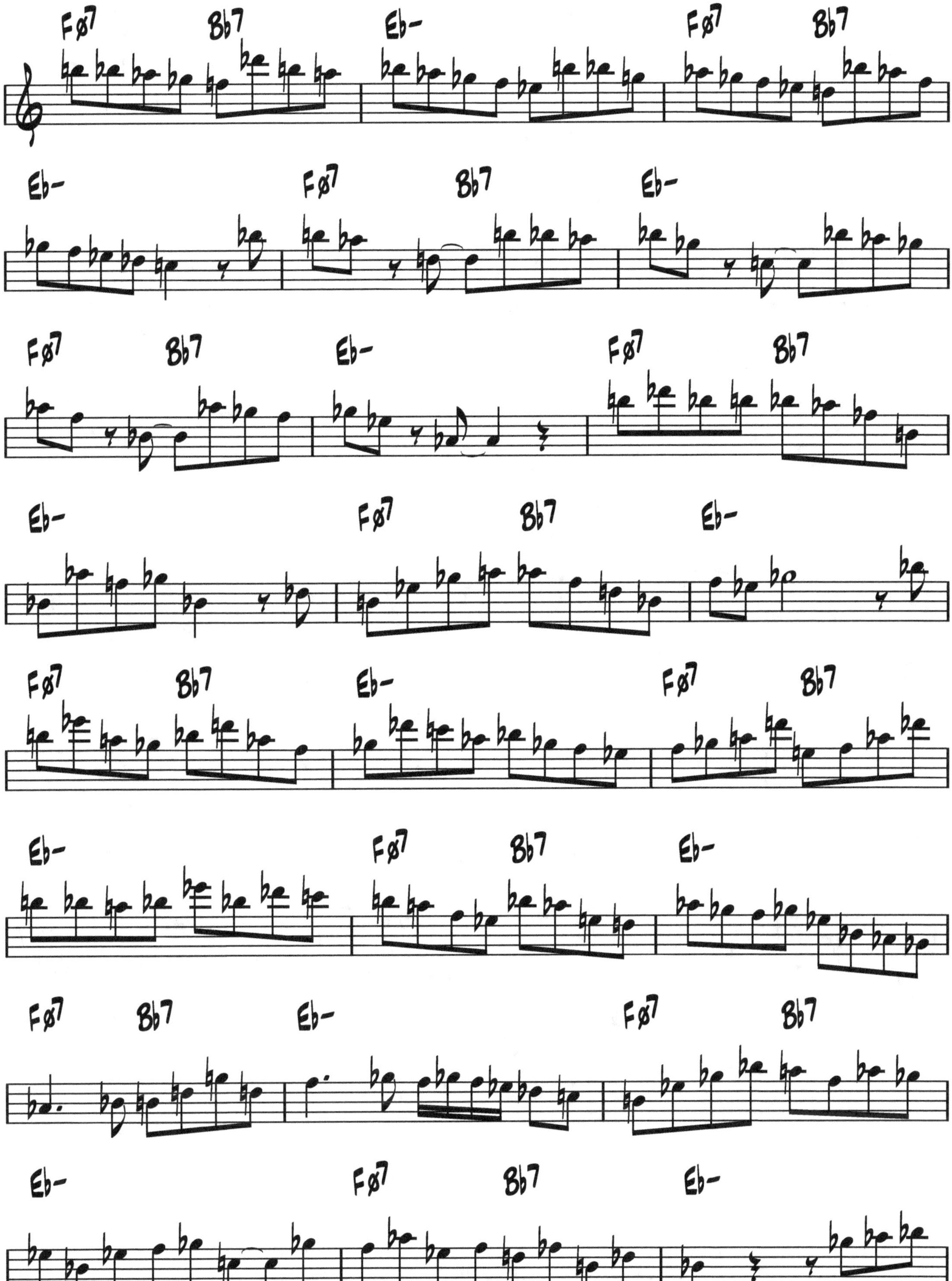
Fø7 Bb7 Eb- Fø7 Bb7
Eb- Fø7 Bb7 Eb-
Fø7 Bb7 Eb- Fø7 Bb7
Eb- Fø7 Bb7 Eb-
Fø7 Bb7 Eb- Fø7 Bb7
Eb- Fø7 Bb7 Eb-
Fø7 Bb7 Eb- Fø7 Bb7
Eb- Fø7 Bb7 Eb-

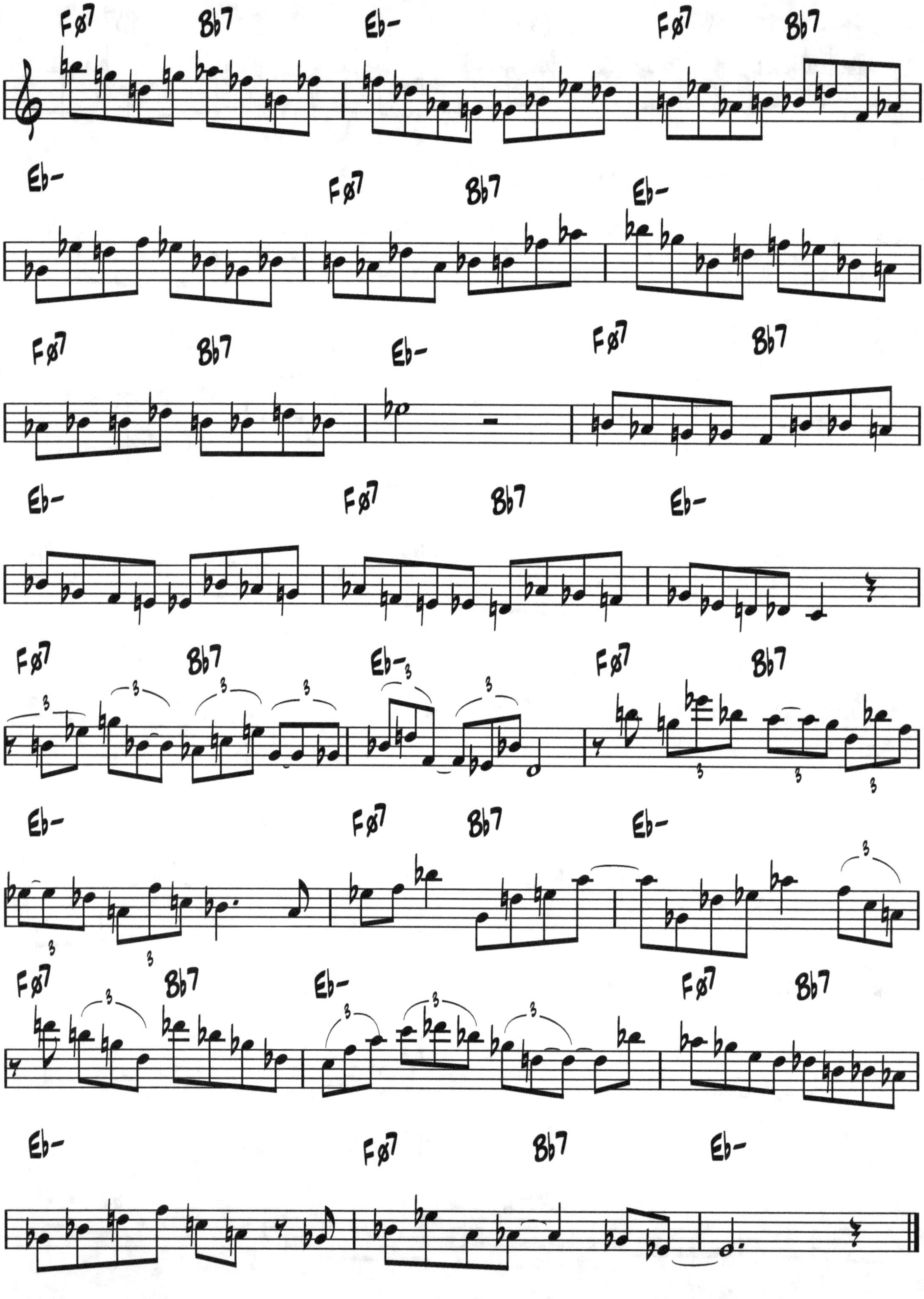
Fø7 Bb7 Eb- Fø7 Bb7
Eb- Fø7 Bb7 Eb-
Fø7 Bb7 Eb- Fø7 Bb7
Eb- Fø7 Bb7 Eb-
Fø7 Bb7 Eb- Fø7 Bb7
Eb- Fø7 Bb7 Eb-
Fø7 Bb7 Eb- Fø7 Bb7
Eb- Fø7 Bb7 Eb-

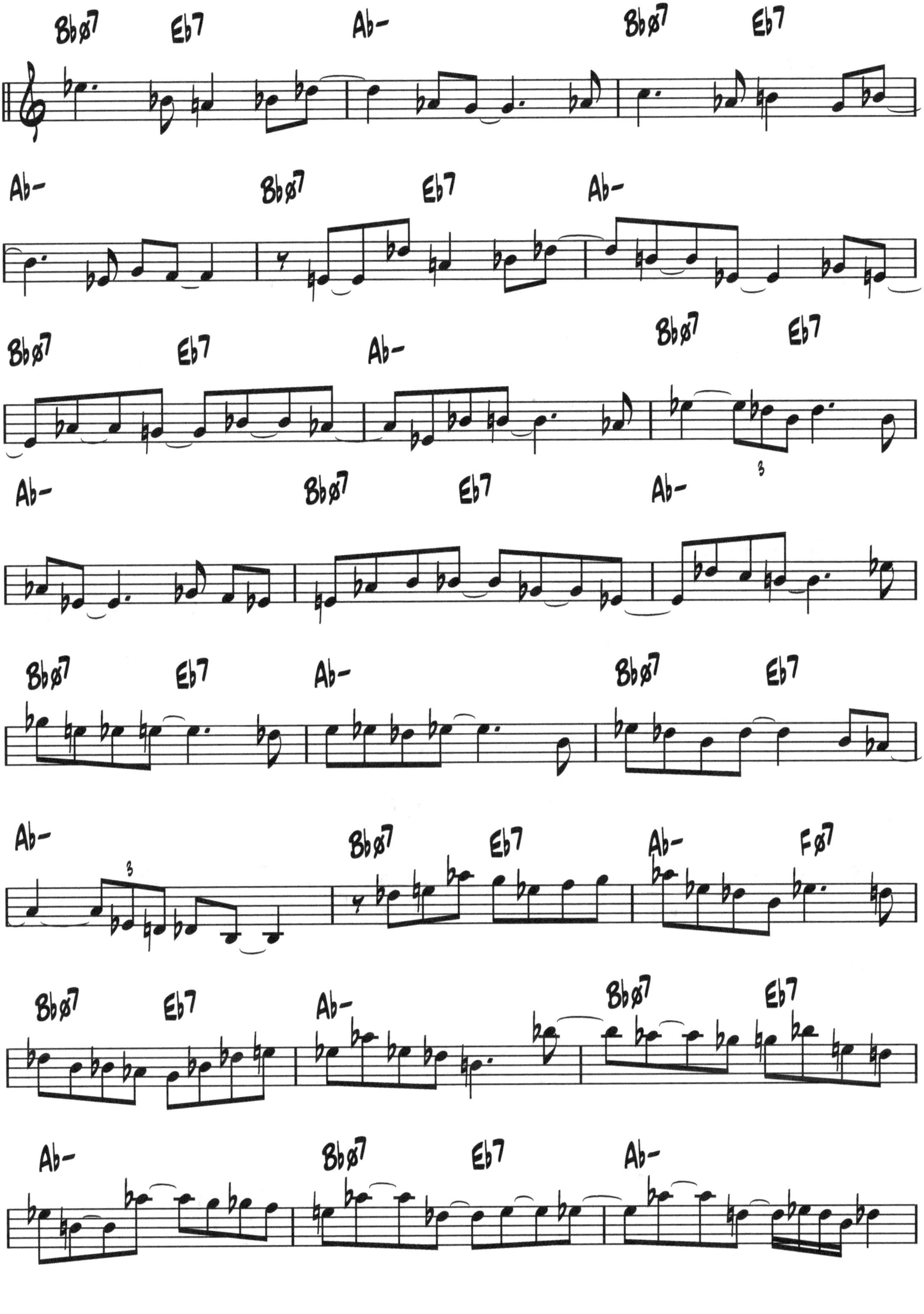
Bbø7 Eb7 Ab- Bbø7 Eb7
Ab- Bbø7 Eb7 Ab-
Bbø7 Eb7 Ab- Bbø7 Eb7
3
Ab- Bbø7 Eb7 Ab-
Bbø7 Eb7 Ab- Bbø7 Eb7
Ab- 3 Bbø7 Eb7 Ab- Fø7
Bbø7 Eb7 Ab- Bbø7 Eb7
Ab- Bbø7 Eb7 Ab-

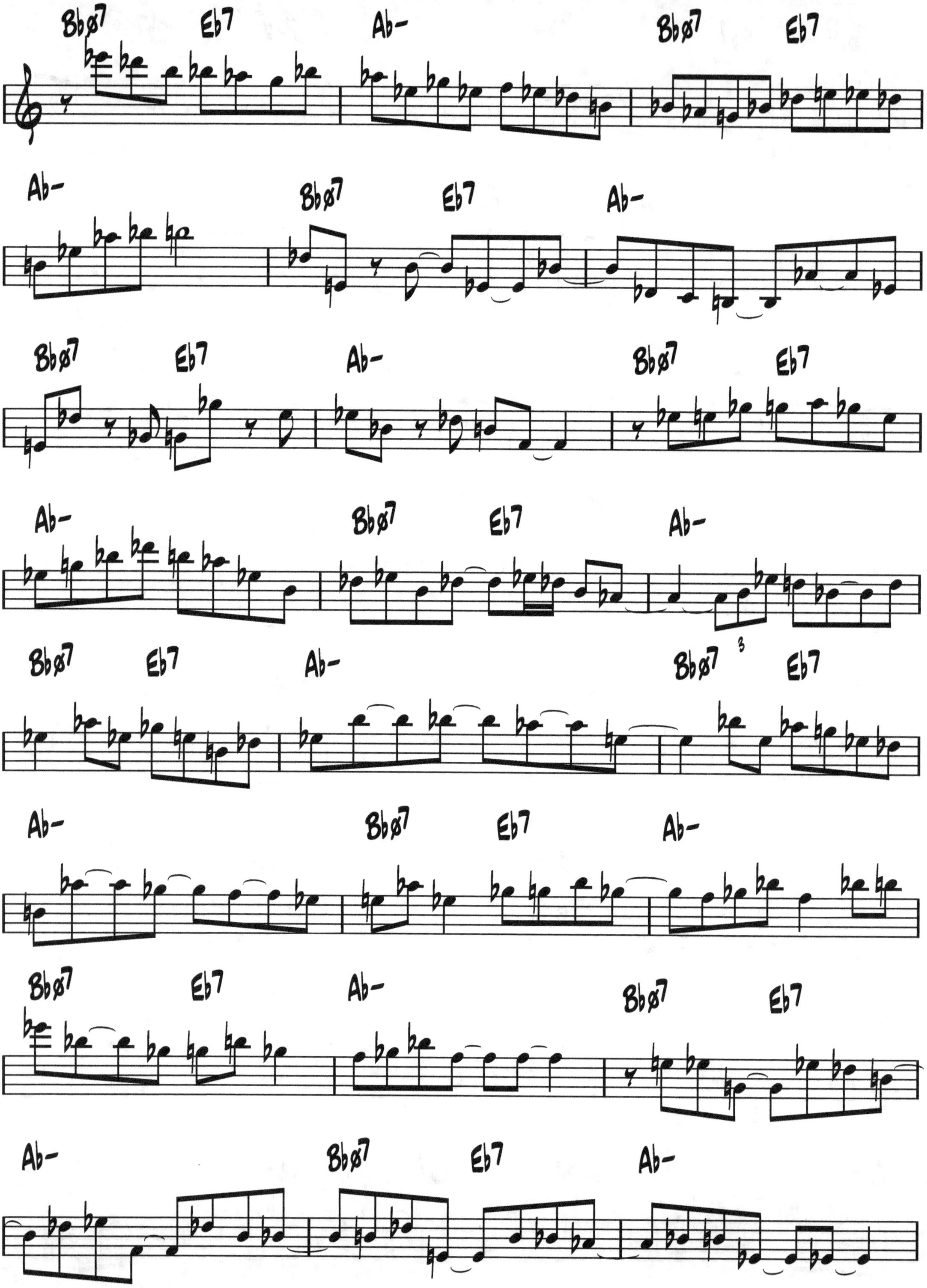
Bbø7 Eb7 Ab- Bbø7 Eb7
Ab- Bbø7 Eb7 Ab-
Bbø7 Eb7 Ab- Bbø7 Eb7
Ab- Bbø7 Eb7 Ab-
Bbø7 Eb7 Ab- Bbø7 3 Eb7
Ab- Bbø7 Eb7 Ab-
Bbø7 Eb7 Ab- Bbø7 Eb7
Ab- Bbø7 Eb7 Ab-

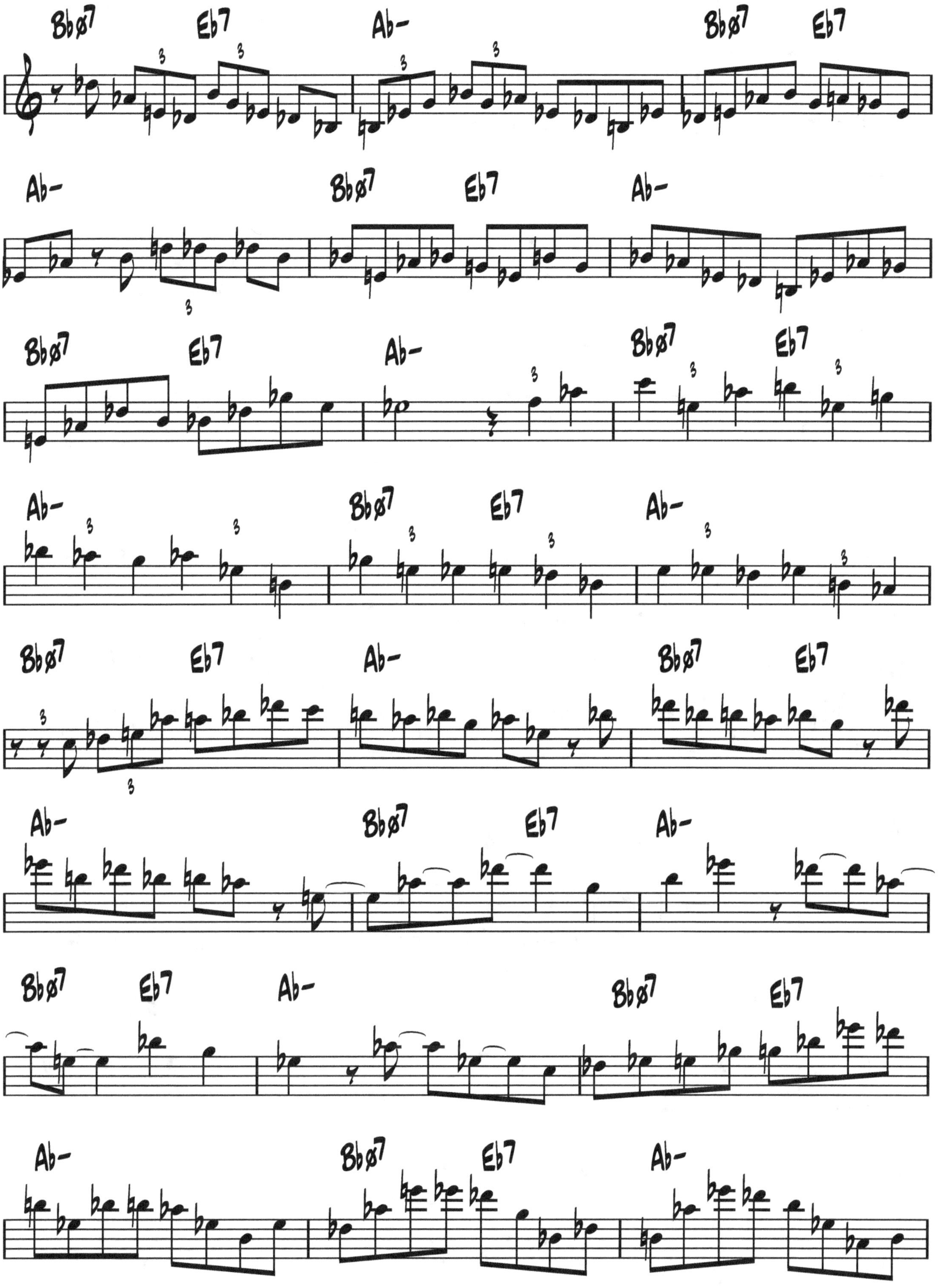
Bbø7 Eb7 Ab- Bbø7 Eb7
Ab- Bbø7 Eb7 Ab-
Bbø7 Eb7 Ab- Bbø7 Eb7
Ab- Bbø7 Eb7 Ab-
Bbø7 Eb7 Ab- Bbø7 Eb7
Ab- Bbø7 Eb7 Ab-
Bbø7 Eb7 Ab- Bbø7 Eb7
Ab- Bbø7 Eb7 Ab-

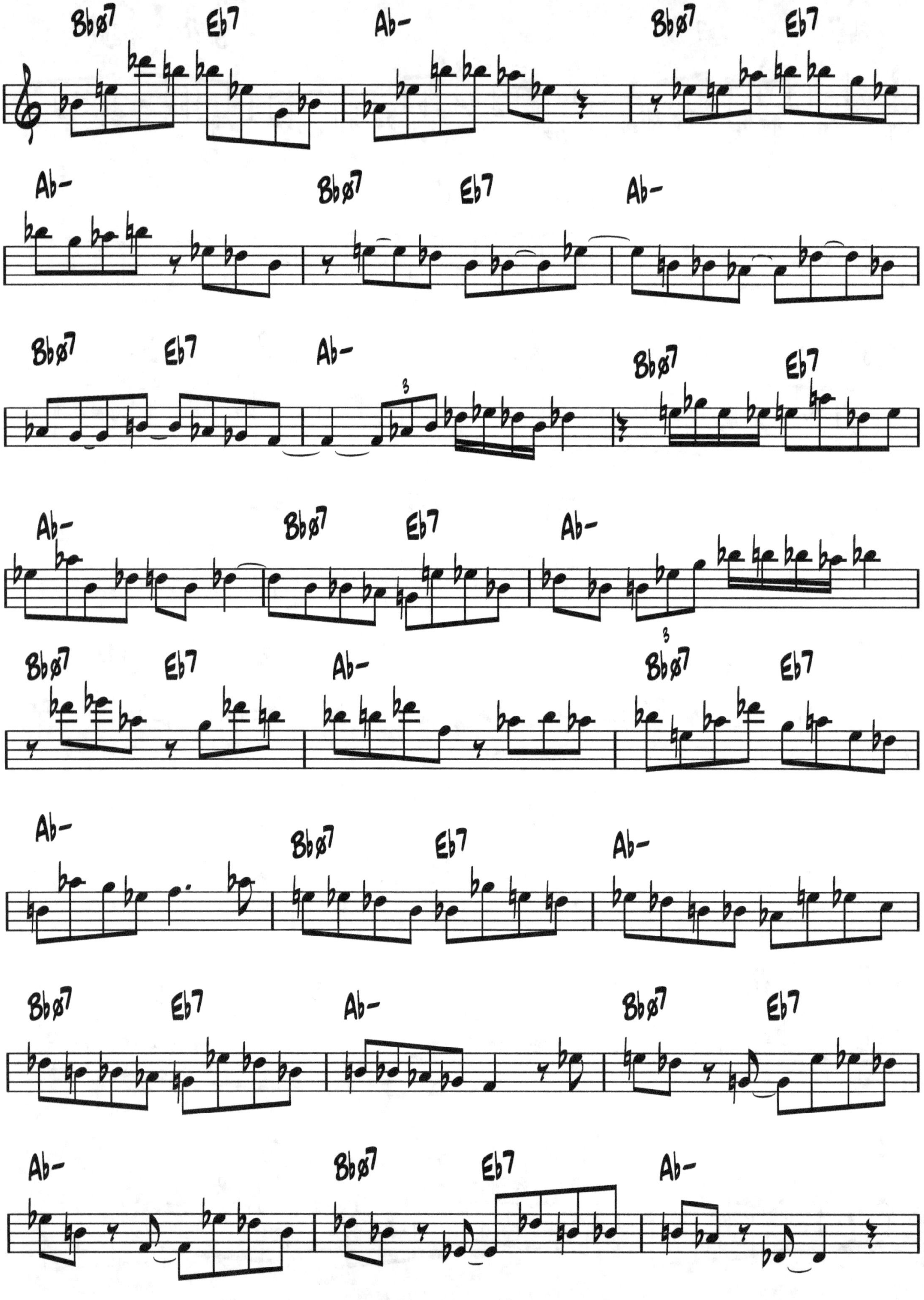
Bbø7 Eb7 Ab- Bbø7 Eb7
Ab- Bbø7 Eb7 Ab-
Bbø7 Eb7 Ab- Bbø7 Eb7
Ab- Bbø7 Eb7 Ab-
Bbø7 Eb7 Ab- Bbø7 Eb7
Ab- Bbø7 Eb7 Ab-
Bbø7 Eb7 Ab- Bbø7 Eb7
Ab- Bbø7 Eb7 Ab-

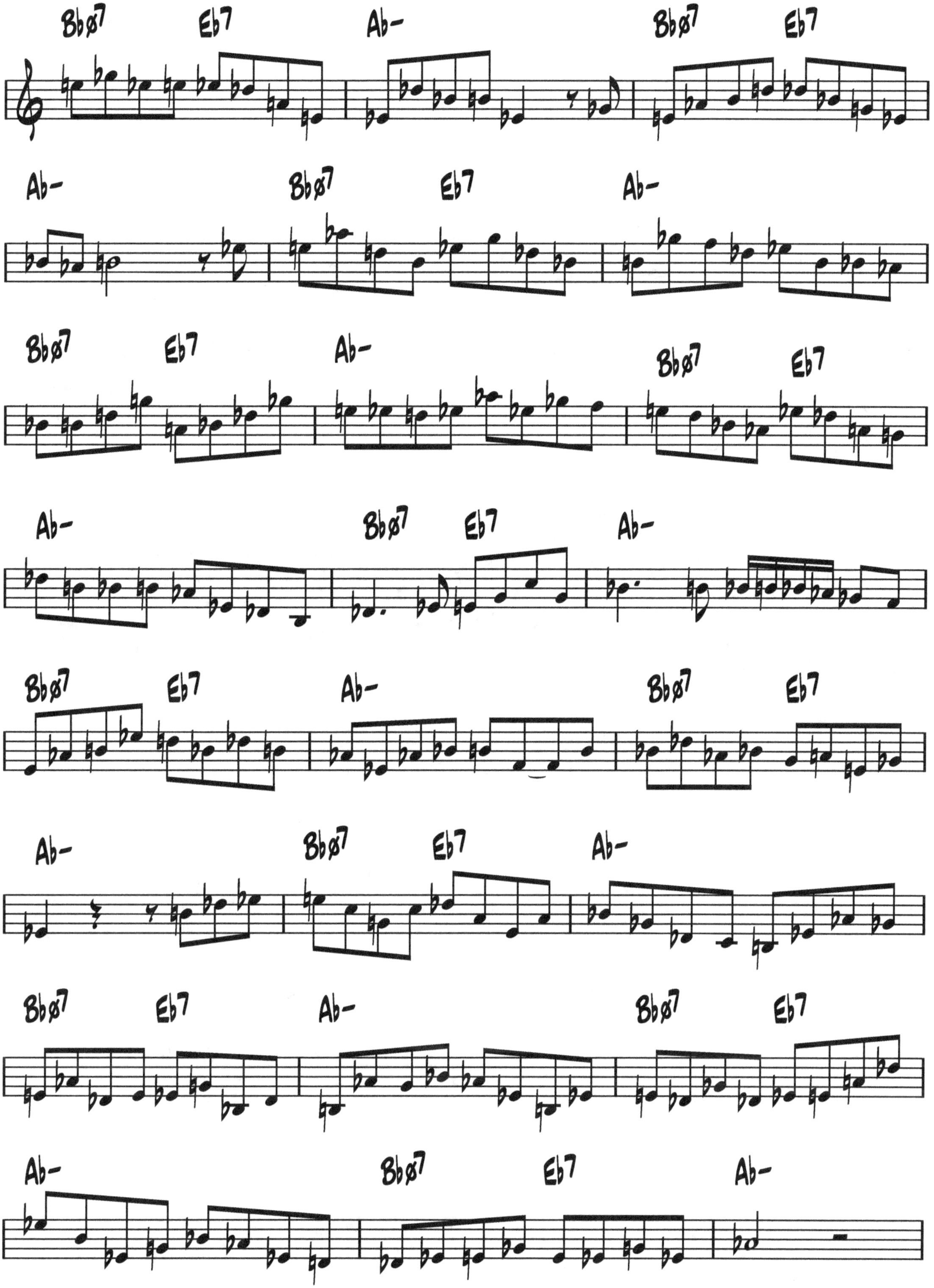
Bbø7 Eb7 Ab- Bbø7 Eb7
Ab- Bbø7 Eb7 Ab-
Bbø7 Eb7 Ab- Bbø7 Eb7
Ab- Bbø7 Eb7 Ab-
Bbø7 Eb7 Ab- Bbø7 Eb7
Ab- Bbø7 Eb7 Ab-
Bbø7 Eb7 Ab- Bbø7 Eb7
Ab- Bbø7 Eb7 Ab-

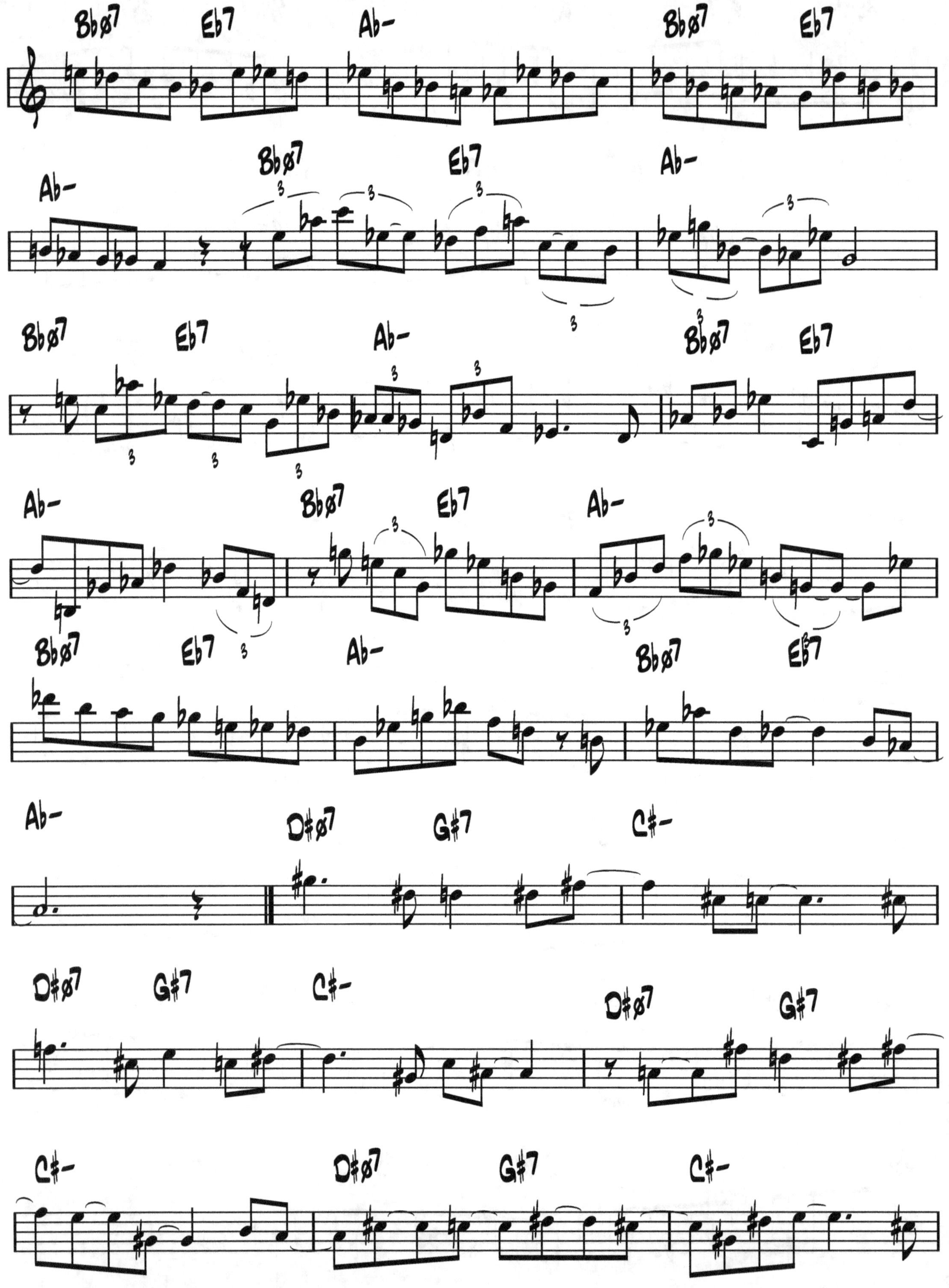
Bbø7 Eb7 Ab- Bbø7 Eb7
Ab- Bbø7 Eb7 Ab-
Bbø7 Eb7 Ab- Bbø7 Eb7
Ab- Bbø7 Eb7 Ab-
Bbø7 Eb7 Ab- Bbø7 Eb7
Ab- D#ø7 G#7 C#-
D#ø7 G#7 C#- D#ø7 G#7
C#- D#ø7 G#7 C#-

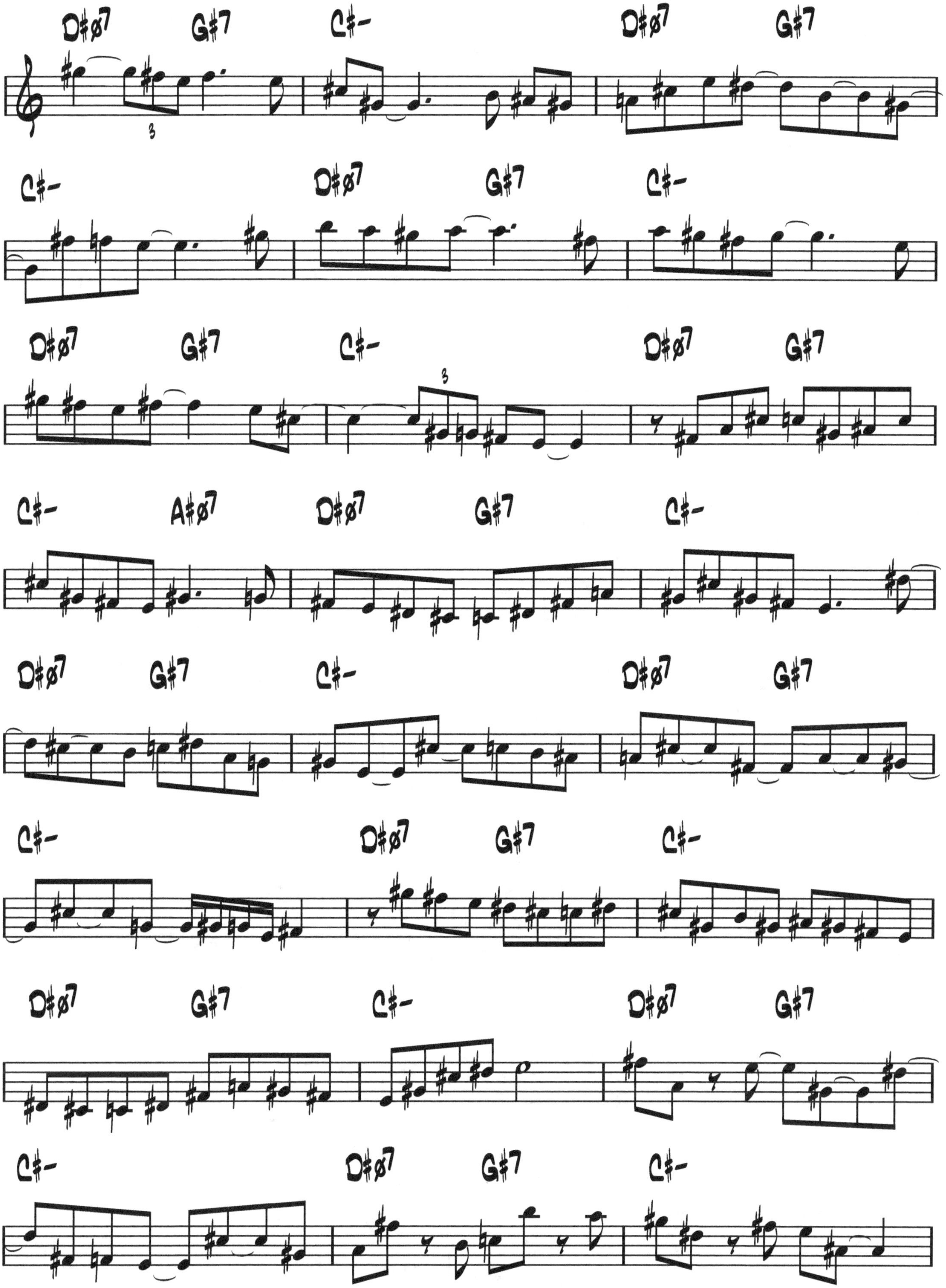
D#ø7 G#7 C#- D#ø7 G#7
C#- D#ø7 G#7 C#-
D#ø7 G#7 C#- D#ø7 G#7
C#- A#ø7 D#ø7 G#7 C#-
D#ø7 G#7 C#- D#ø7 G#7
C#- D#ø7 G#7 C#-
D#ø7 G#7 C#- D#ø7 G#7
C#- D#ø7 G#7 C#-

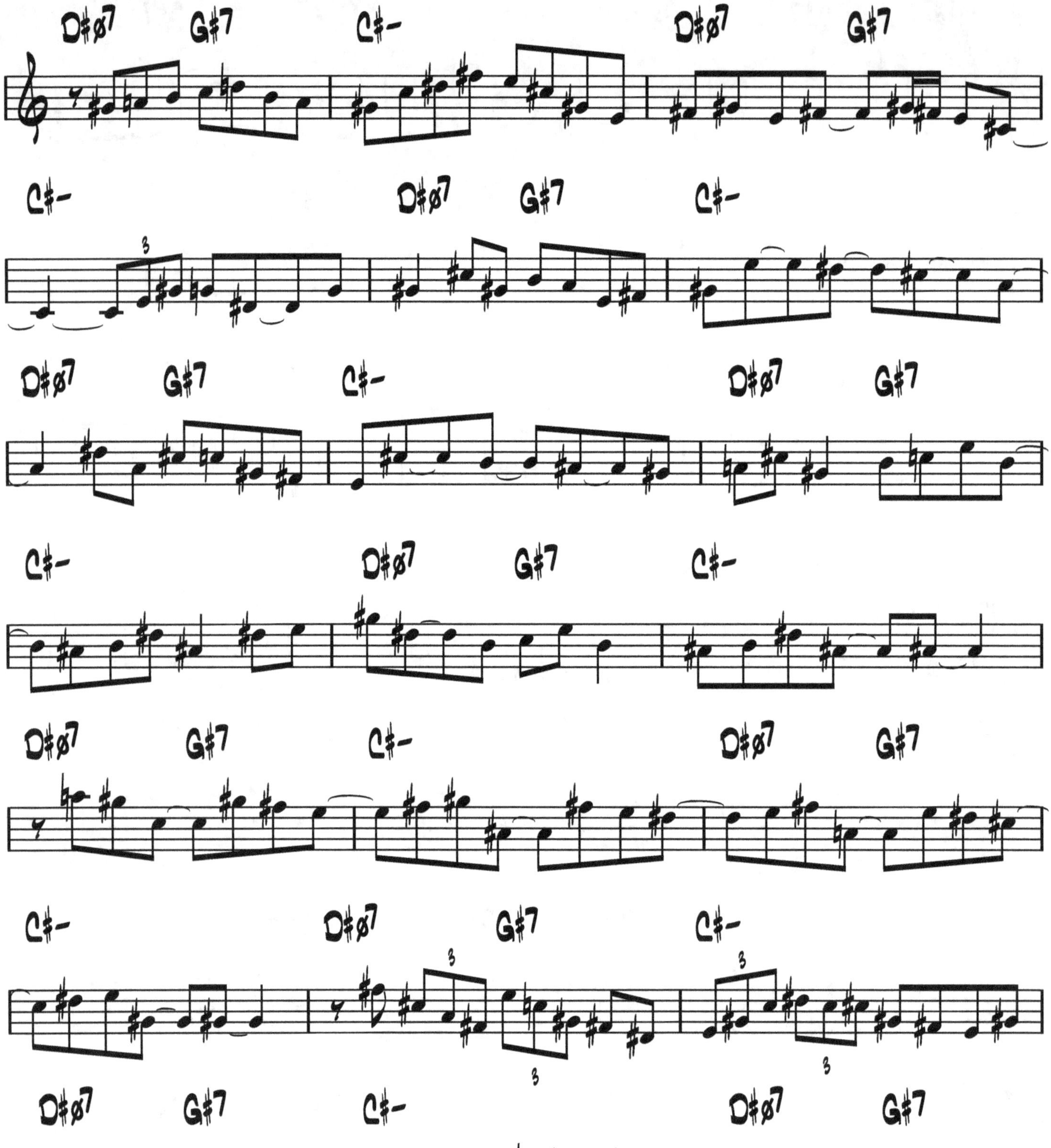
D#ø7 G#7 C#- D#ø7 G#7
C#- D#ø7 G#7 C#-
D#ø7 G#7 C#- D#ø7 G#7
C#- D#ø7 G#7 C#-
D#ø7 G#7 C#- D#ø7 G#7
C#- D#ø7 G#7 C#-
D#ø7 G#7 C#- D#ø7 G#7
C#- D#ø7 G#7 C#-

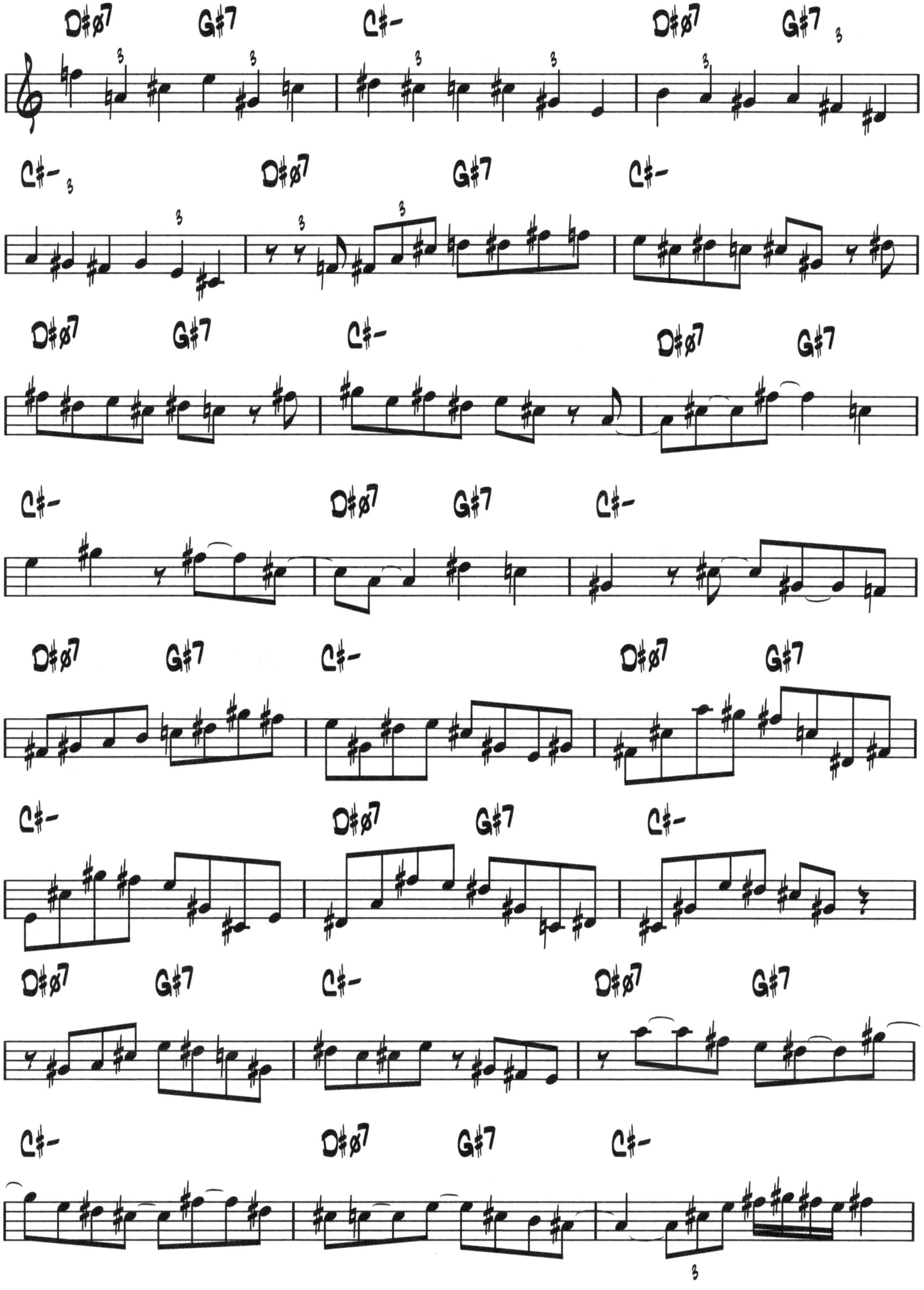
D#ø7 G#7 C#- D#ø7 G#7
C#- D#ø7 G#7 C#-
D#ø7 G#7 C#- D#ø7 G#7
C#- D#ø7 G#7 C#-
D#ø7 G#7 C#- D#ø7 G#7
C#- D#ø7 G#7 C#-
D#ø7 G#7 C#- D#ø7 G#7
C#- D#ø7 G#7 C#-

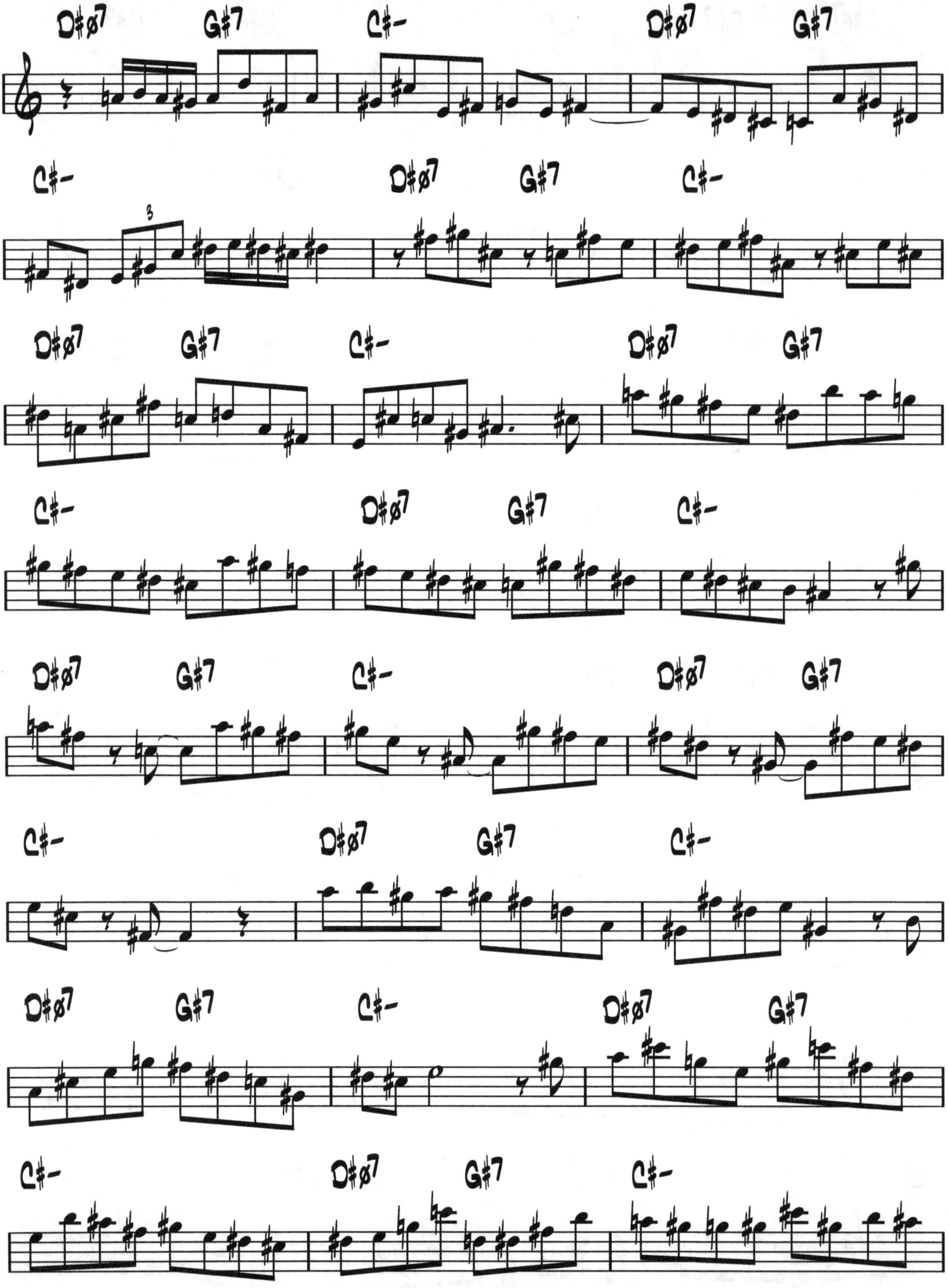
D♯ø7 G♯7 C♯- D♯ø7 G♯7
C♯- D♯ø7 G♯7 C♯-
D♯ø7 G♯7 C♯- D♯ø7 G♯7
C♯- D♯ø7 G♯7 C♯-
D♯ø7 G♯7 C♯- D♯ø7 G♯7
C♯- D♯ø7 G♯7 C♯-
D♯ø7 G♯7 C♯- D♯ø7 G♯7
C♯- D♯ø7 G♯7 C♯-

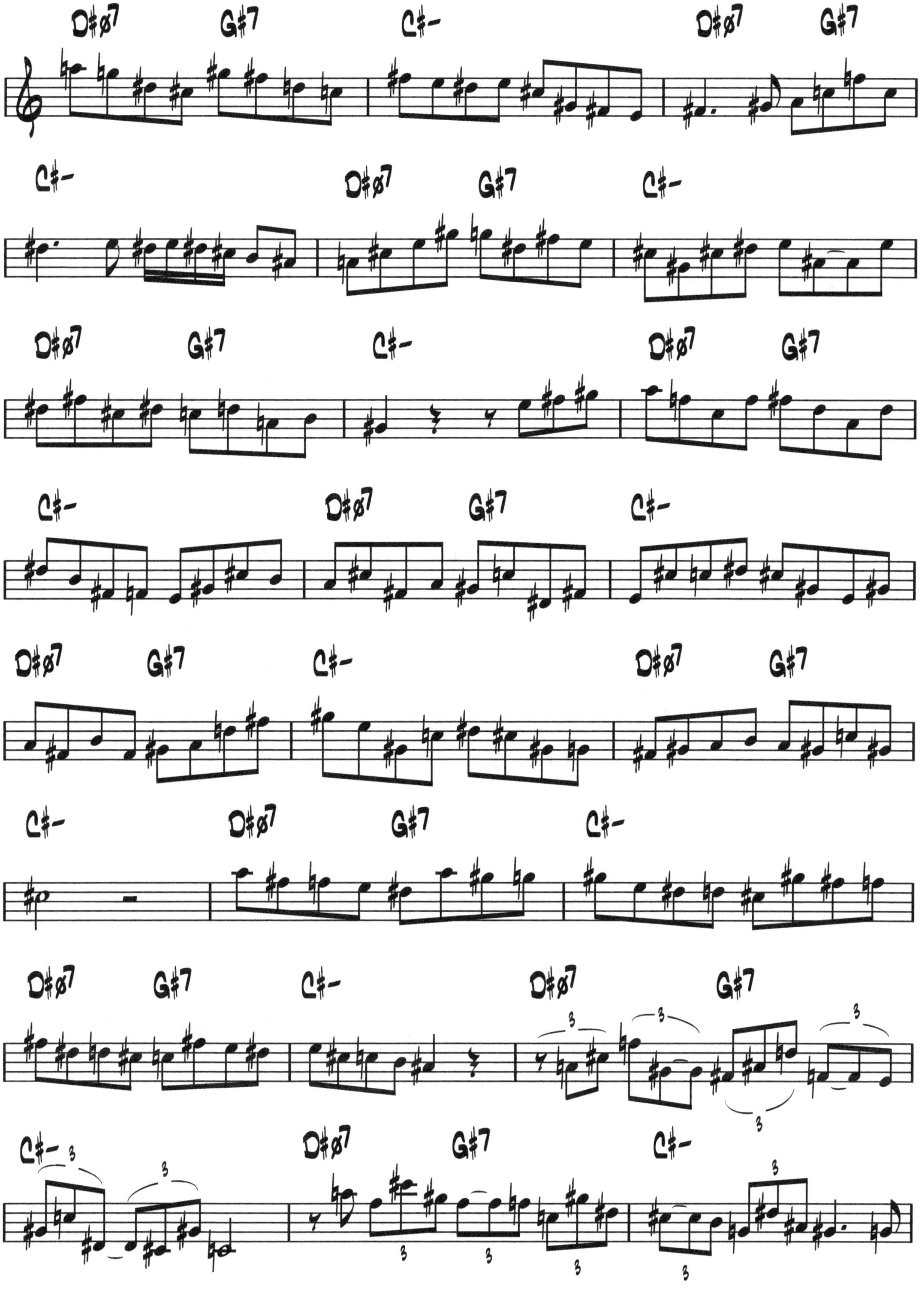
D#ø7 G#7 C#- D#ø7 G#7
C#- D#ø7 G#7 C#-
D#ø7 G#7 C#- D#ø7 G#7
C#- D#ø7 G#7 C#-
D#ø7 G#7 C#- D#ø7 G#7
C#- D#ø7 G#7 C#-
D#ø7 G#7 C#- D#ø7 G#7
C#- D#ø7 G#7 C#-

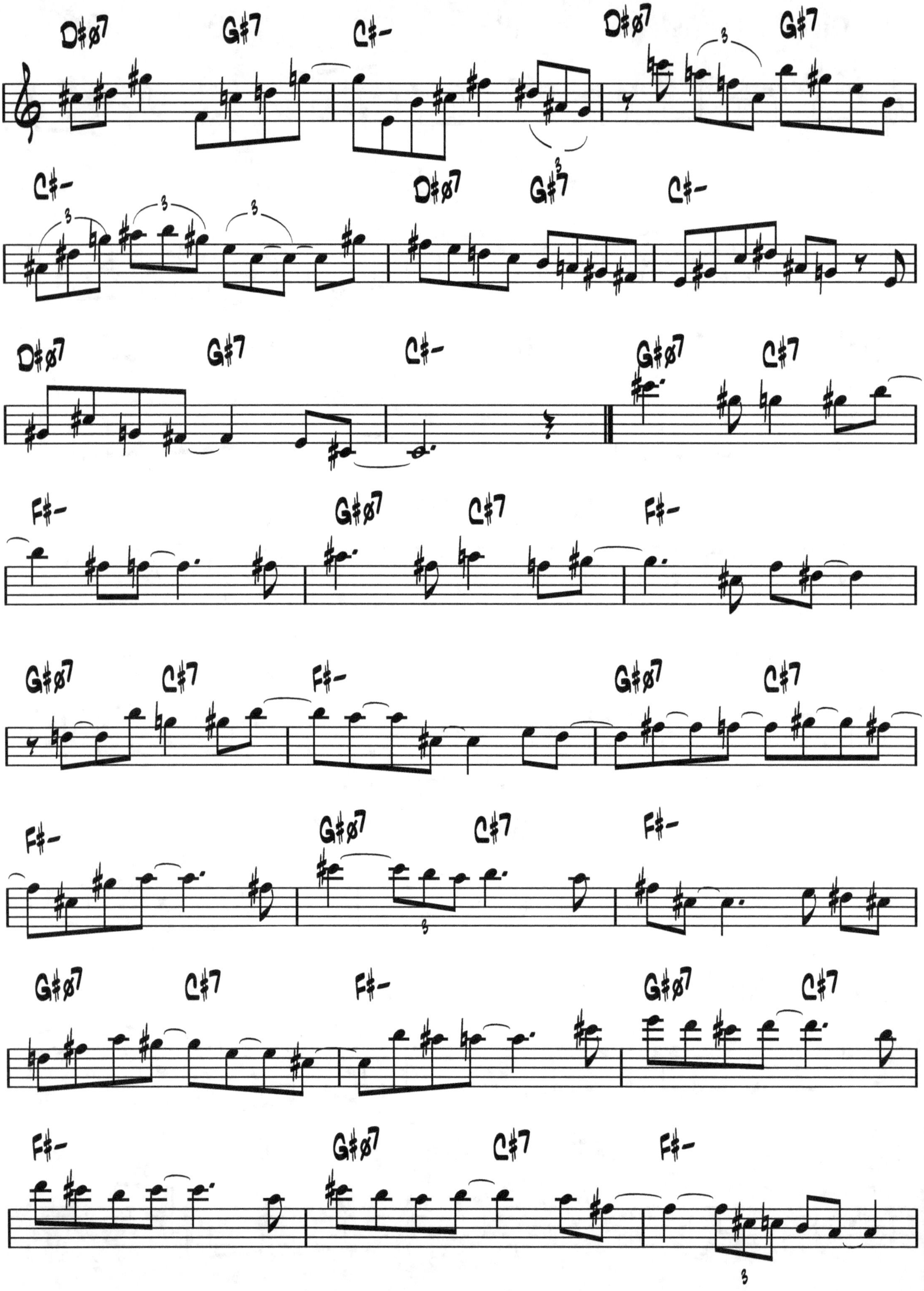
D#ø7 G#7 C#- D#ø7 G#7
C#- D#ø7 G#7 C#-
D#ø7 G#7 C#- G#ø7 C#7
F#- G#ø7 C#7 F#-
G#ø7 C#7 F#- G#ø7 C#7
F#- G#ø7 C#7 F#-
G#ø7 C#7 F#- G#ø7 C#7
F#- G#ø7 C#7 F#-

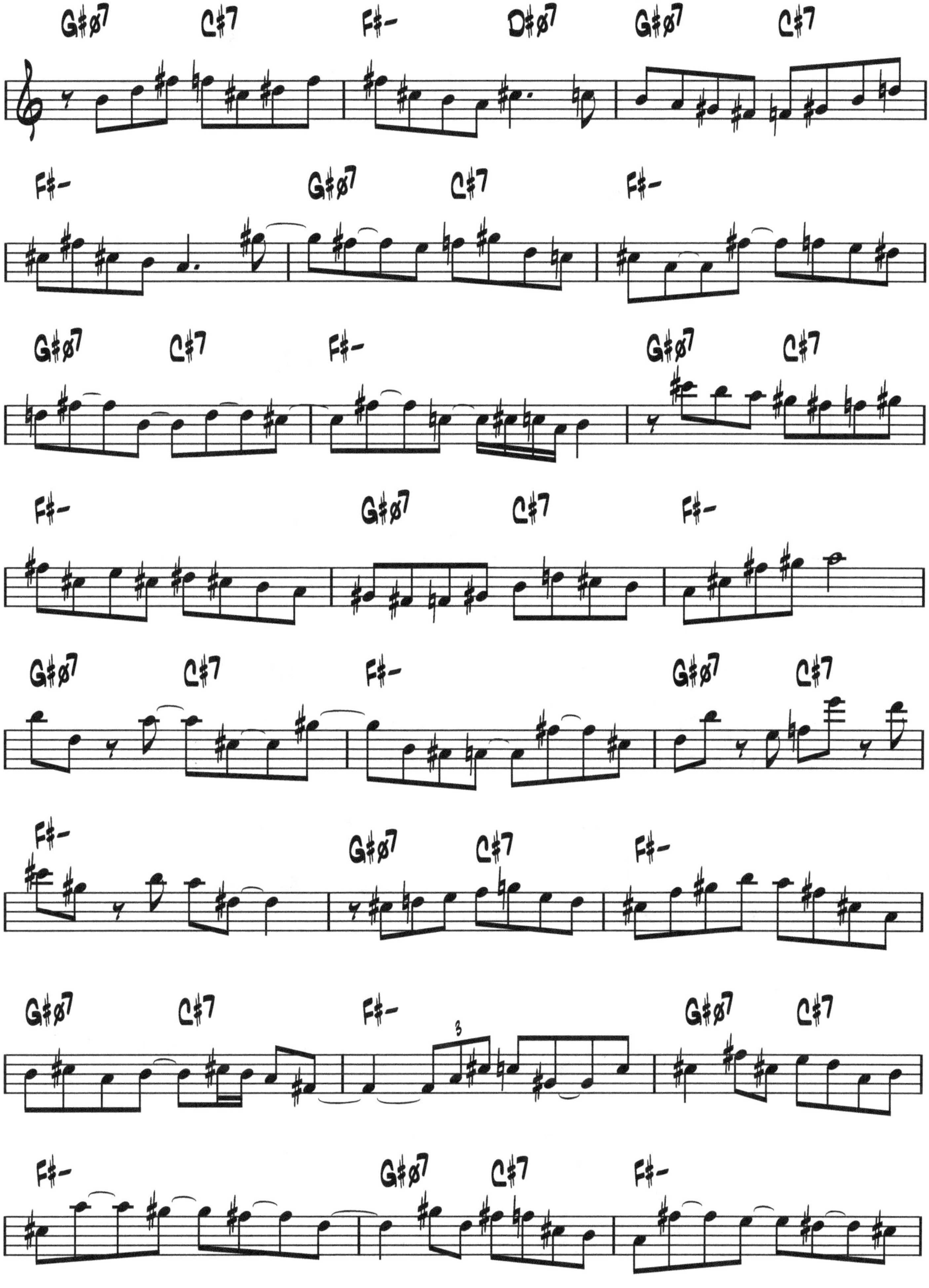
G#ø7 C#7 F#- D#ø7 G#ø7 C#7
F#- G#ø7 C#7 F#-
G#ø7 C#7 F#- G#ø7 C#7
F#- G#ø7 C#7 F#-
G#ø7 C#7 F#- G#ø7 C#7
F#- G#ø7 C#7 F#-
G#ø7 C#7 F#- 3 G#ø7 C#7
F#- G#ø7 C#7 F#-

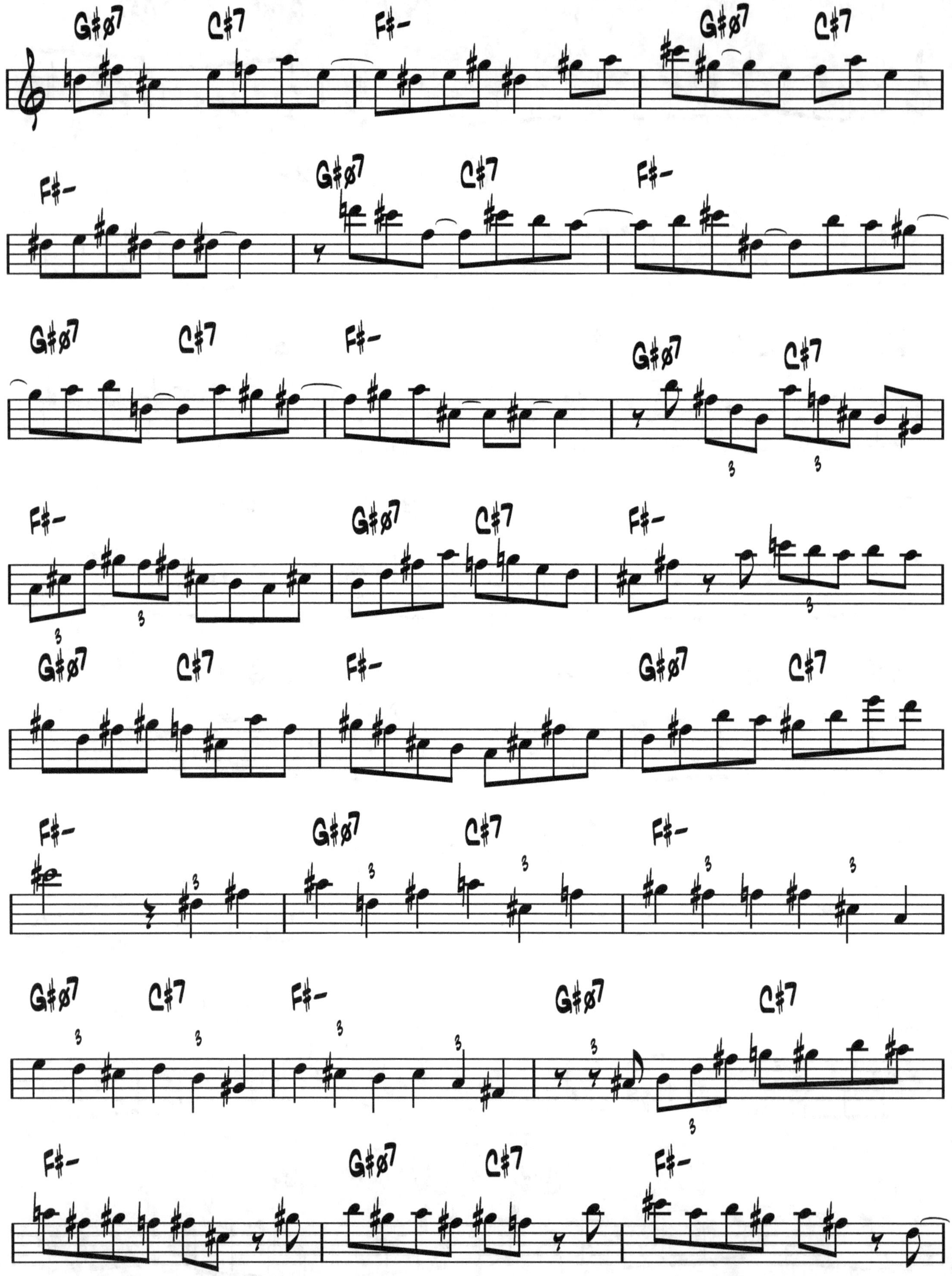
G♯ø7 C♯7 F♯– G♯ø7 C♯7
F♯– G♯ø7 C♯7 F♯–
G♯ø7 C♯7 F♯– G♯ø7 C♯7
F♯– G♯ø7 C♯7 F♯–
G♯ø7 C♯7 F♯– G♯ø7 C♯7
F♯– G♯ø7 C♯7 F♯–
G♯ø7 C♯7 F♯– G♯ø7 C♯7
F♯– G♯ø7 C♯7 F♯–

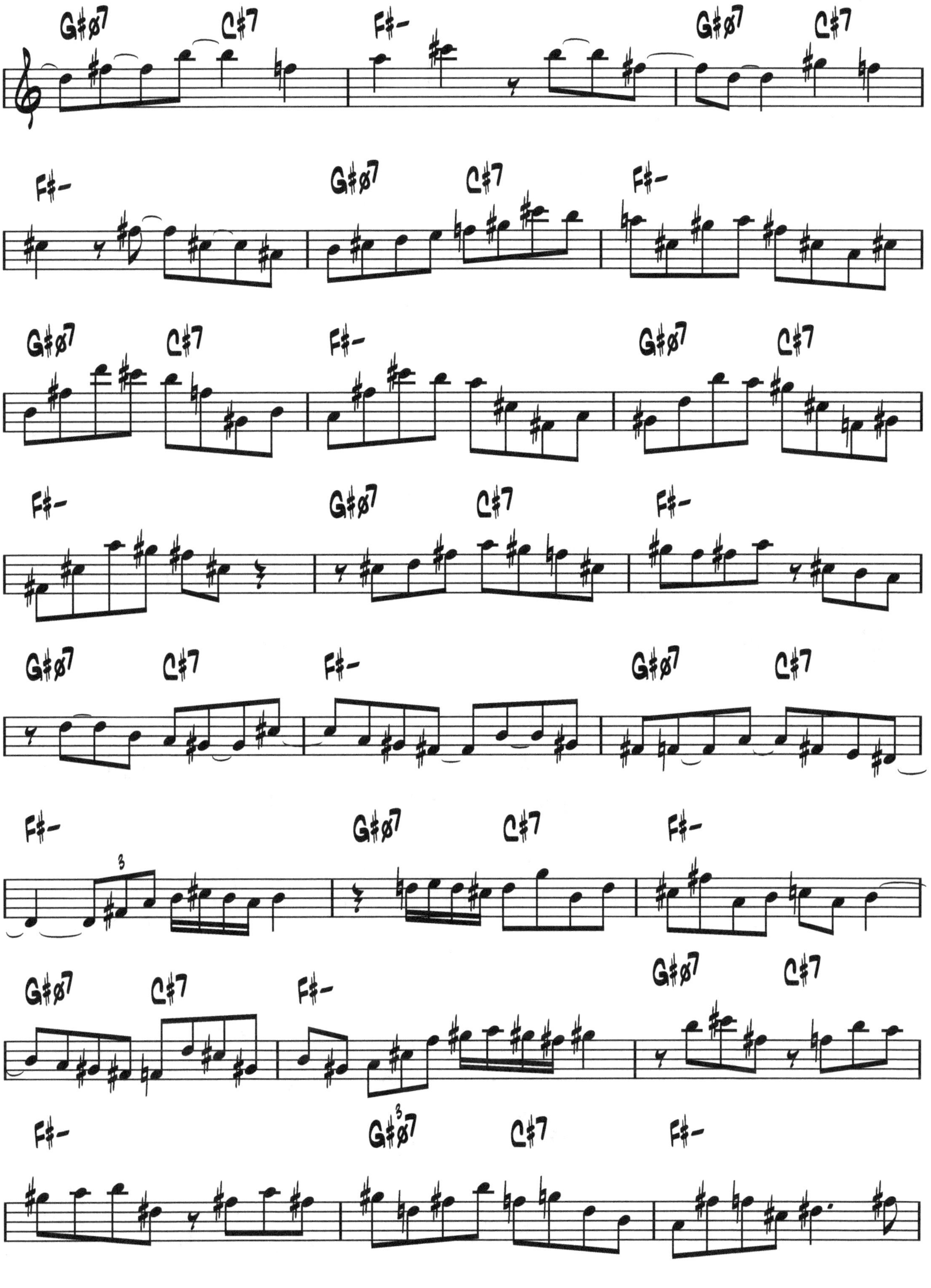
G#ø7 C#7 F#- G#ø7 C#7
F#- G#ø7 C#7 F#-
G#ø7 C#7 F#- G#ø7 C#7
F#- G#ø7 C#7 F#-
G#ø7 C#7 F#- G#ø7 C#7
F#- G#ø7 C#7 F#-
G#ø7 C#7 F#- G#ø7 C#7
F#- G#ø7 C#7 F#-

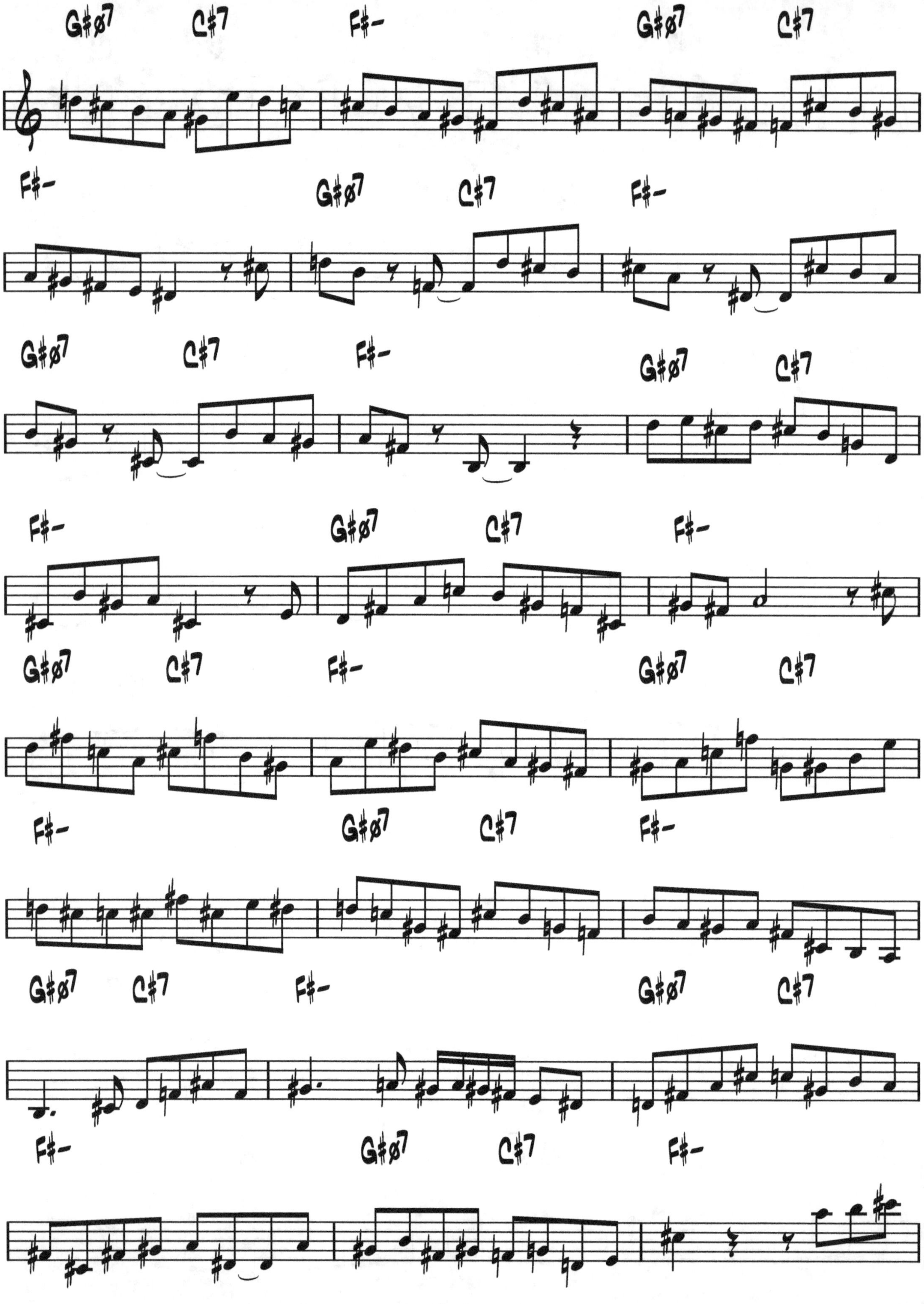
G#ø7 C#7 F#- G#ø7 C#7
F#- G#ø7 C#7 F#-
G#ø7 C#7 F#- G#ø7 C#7
F#- G#ø7 C#7 F#-
G#ø7 C#7 F#- G#ø7 C#7
F#- G#ø7 C#7 F#-
G#ø7 C#7 F#- G#ø7 C#7
F#- G#ø7 C#7 F#-

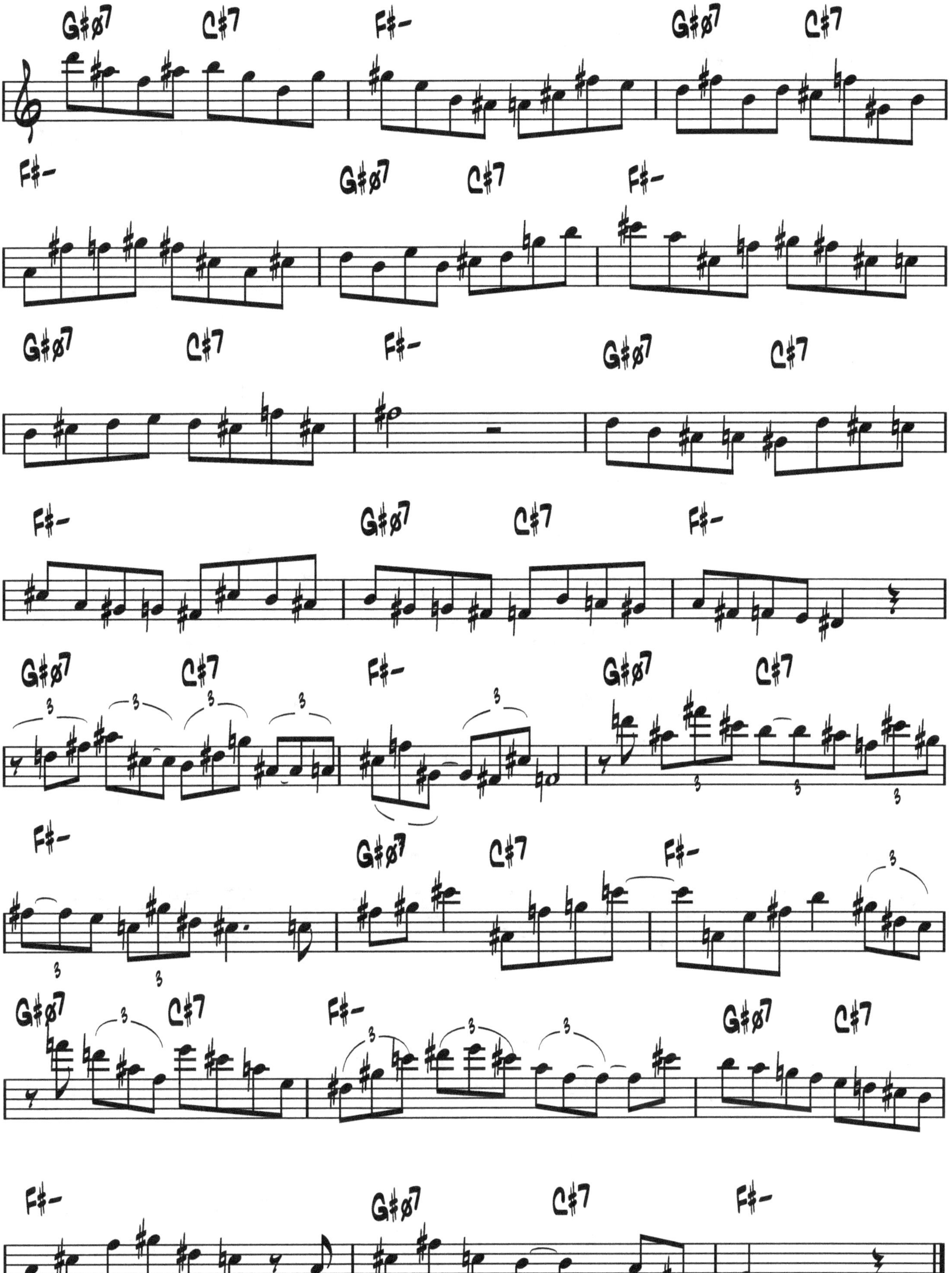
G#ø7 C#7 F#- G#ø7 C#7
F#- G#ø7 C#7 F#-
G#ø7 C#7 F#- G#ø7 C#7
F#- G#ø7 C#7 F#-
G#ø7 C#7 F#- G#ø7 C#7
F#- G#ø7 C#7 F#-
G#ø7 C#7 F#- G#ø7 C#7
F#- G#ø7 C#7 F#-

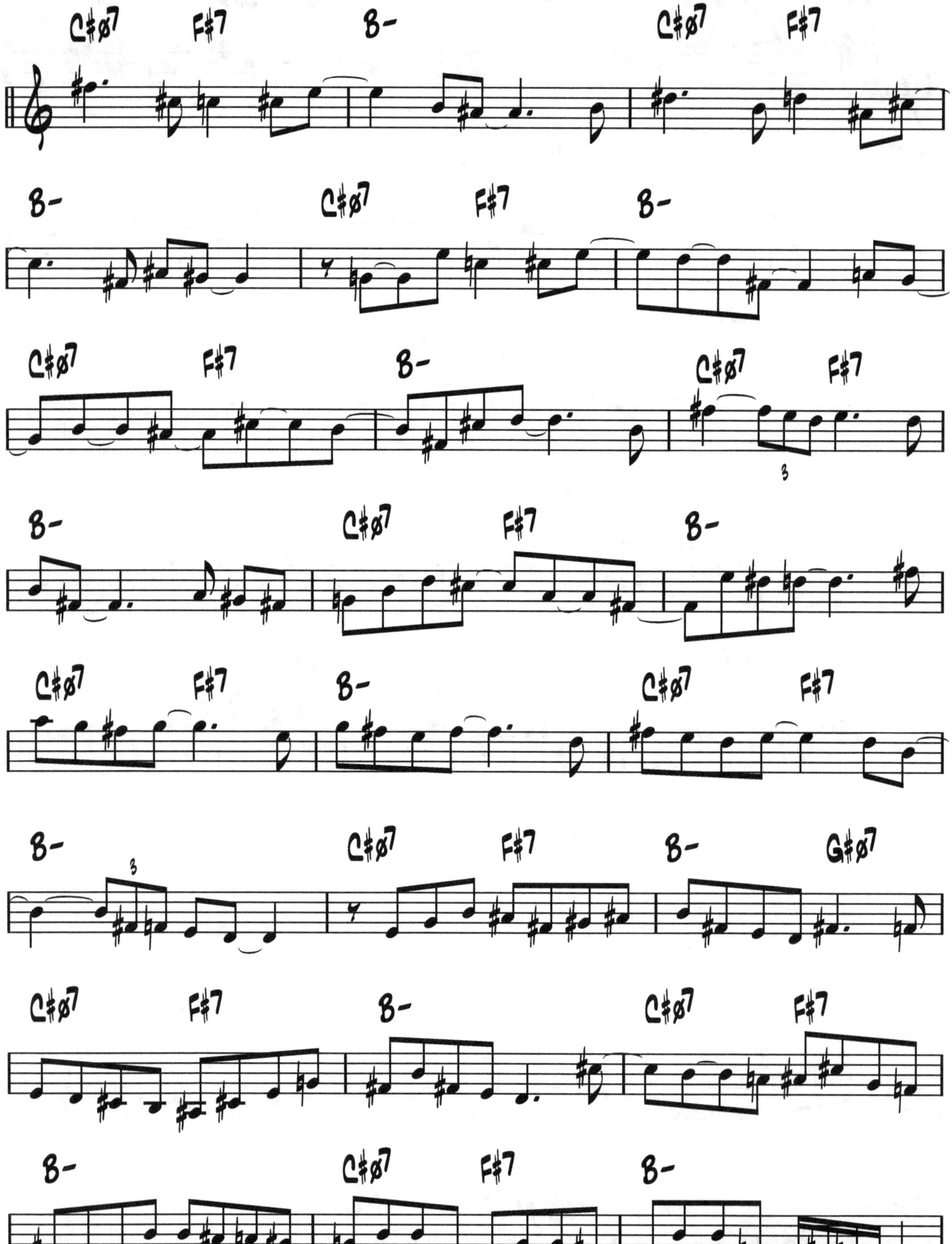
C#ø7 F#7 B- C#ø7 F#7
B- C#ø7 F#7 B-
C#ø7 F#7 B- C#ø7 F#7
B- C#ø7 F#7 B-
C#ø7 F#7 B- C#ø7 F#7
B- C#ø7 F#7 B- G#ø7
C#ø7 F#7 B- C#ø7 F#7
B- C#ø7 F#7 B-

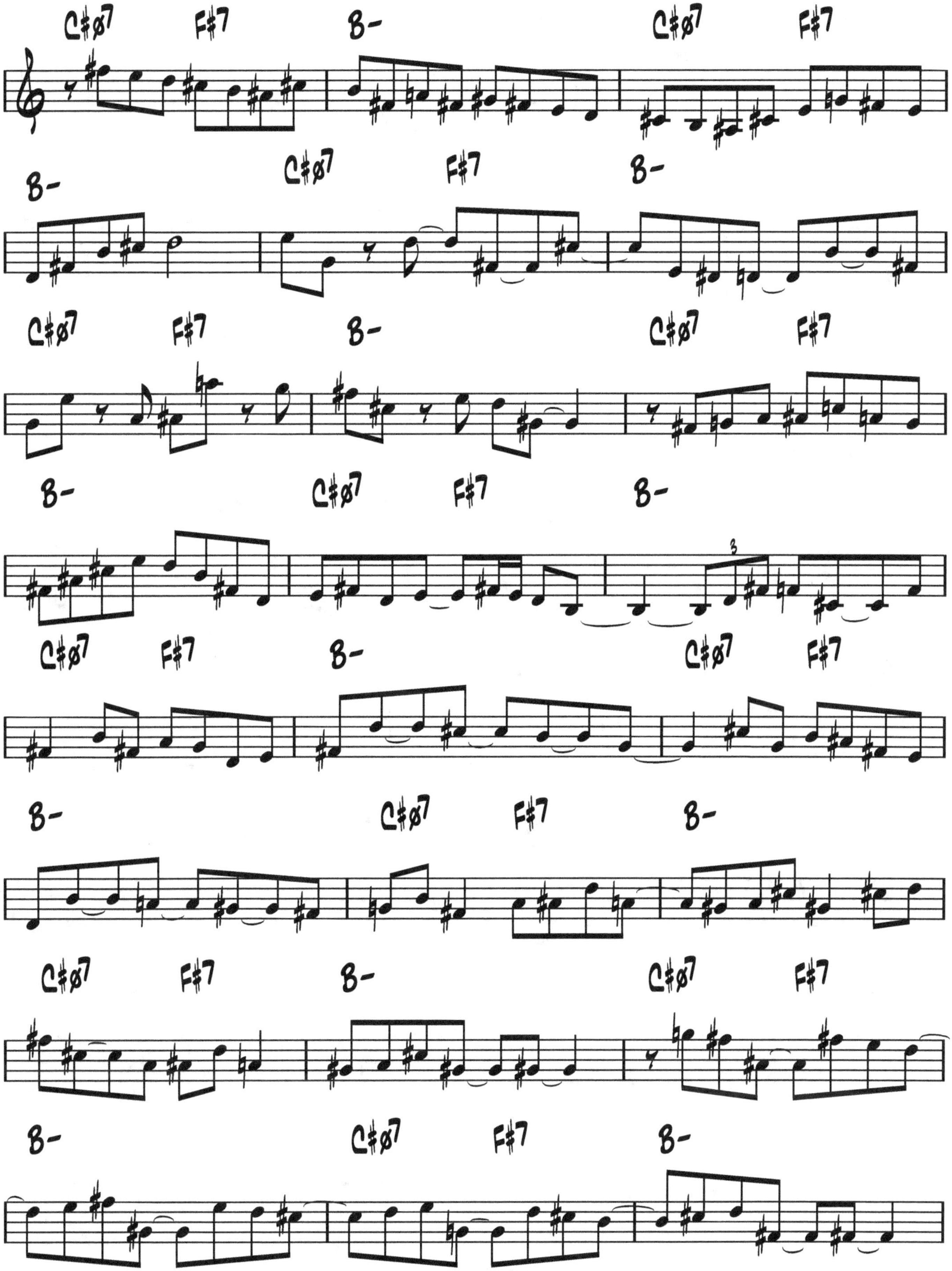
C#ø7 F#7 B- C#ø7 F#7
B- C#ø7 F#7 B-
C#ø7 F#7 B- C#ø7 F#7
B- C#ø7 F#7 B-
3
C#ø7 F#7 B- C#ø7 F#7
B- C#ø7 F#7 B-
C#ø7 F#7 B- C#ø7 F#7
B- C#ø7 F#7 B-

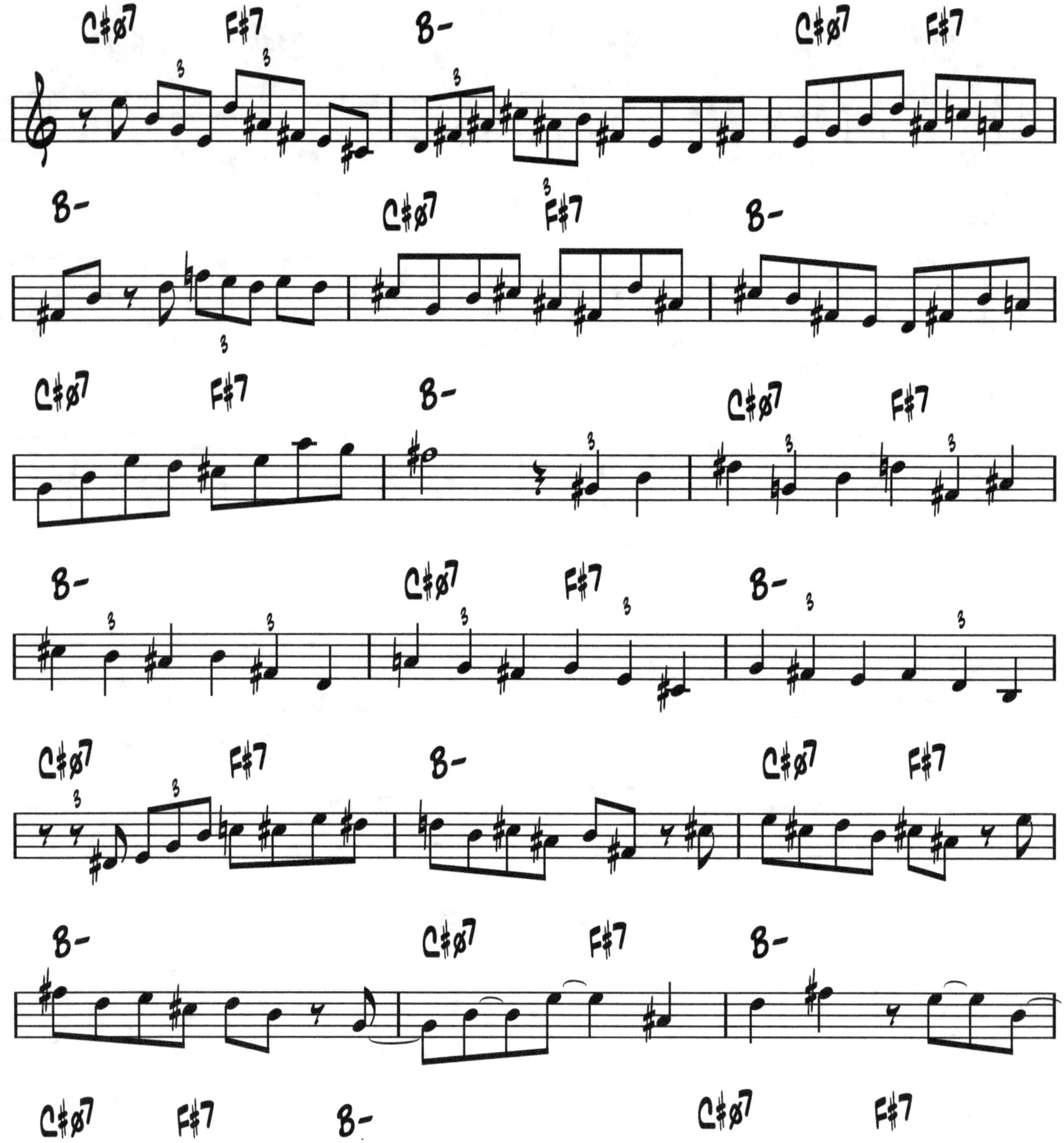
C#ø7 F#7 B- C#ø7 F#7
B- C#ø7 F#7 B-
C#ø7 F#7 B- C#ø7 F#7
B- C#ø7 F#7 B-
C#ø7 F#7 B- C#ø7 F#7
B- C#ø7 F#7 B-
C#ø7 F#7 B- C#ø7 F#7
B- C#ø7 F#7 B-

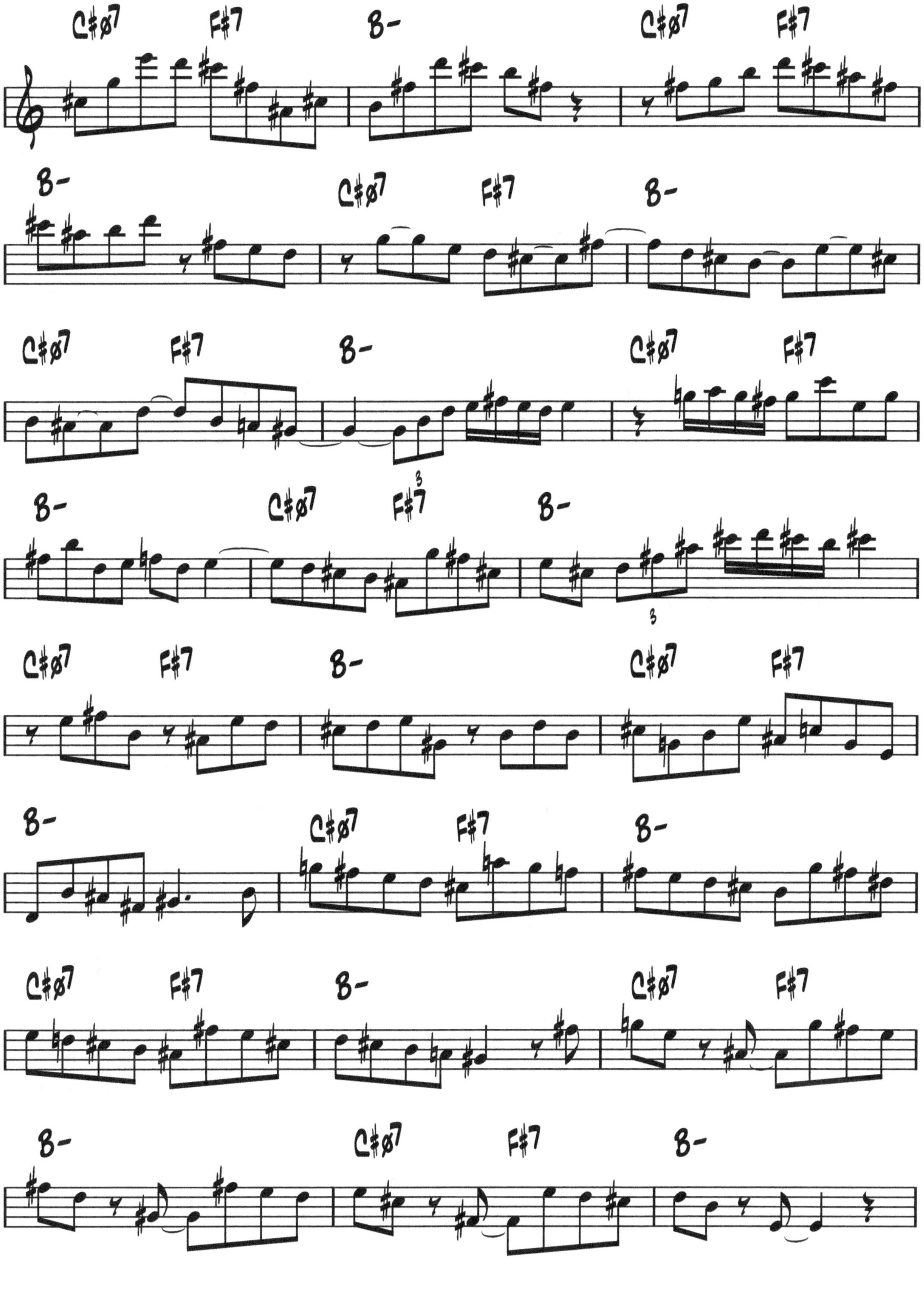
C#ø7 F#7 B- C#ø7 F#7
B- C#ø7 F#7 B-
C#ø7 F#7 B- C#ø7 F#7
B- C#ø7 F#7 B-
C#ø7 F#7 B- C#ø7 F#7
B- C#ø7 F#7 B-
C#ø7 F#7 B- C#ø7 F#7
B- C#ø7 F#7 B-

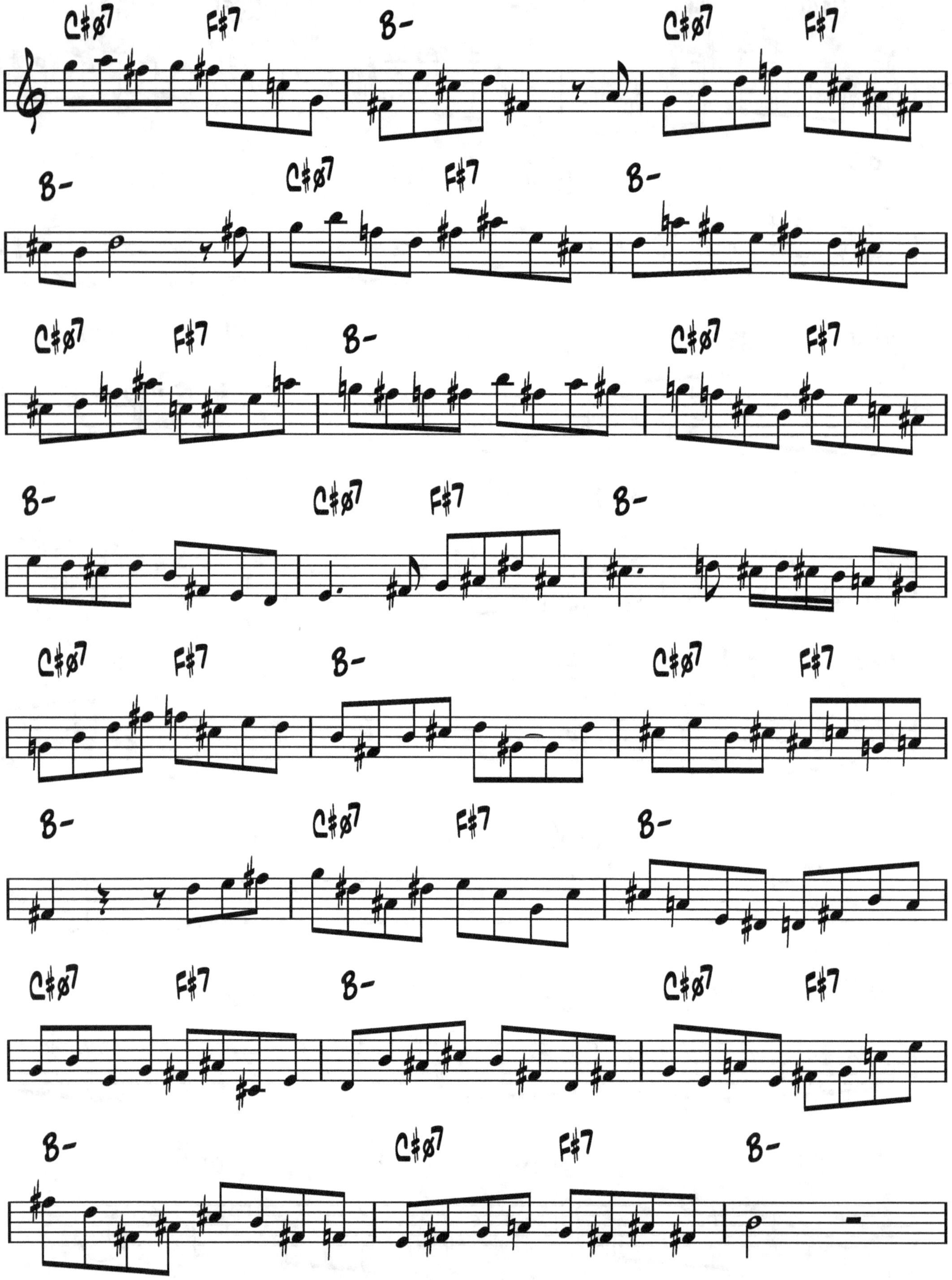
C#ø7 F#7 B- C#ø7 F#7
B- C#ø7 F#7 B-
C#ø7 F#7 B- C#ø7 F#7
B- C#ø7 F#7 B-
C#ø7 F#7 B- C#ø7 F#7
B- C#ø7 F#7 B-
C#ø7 F#7 B- C#ø7 F#7
B- C#ø7 F#7 B-

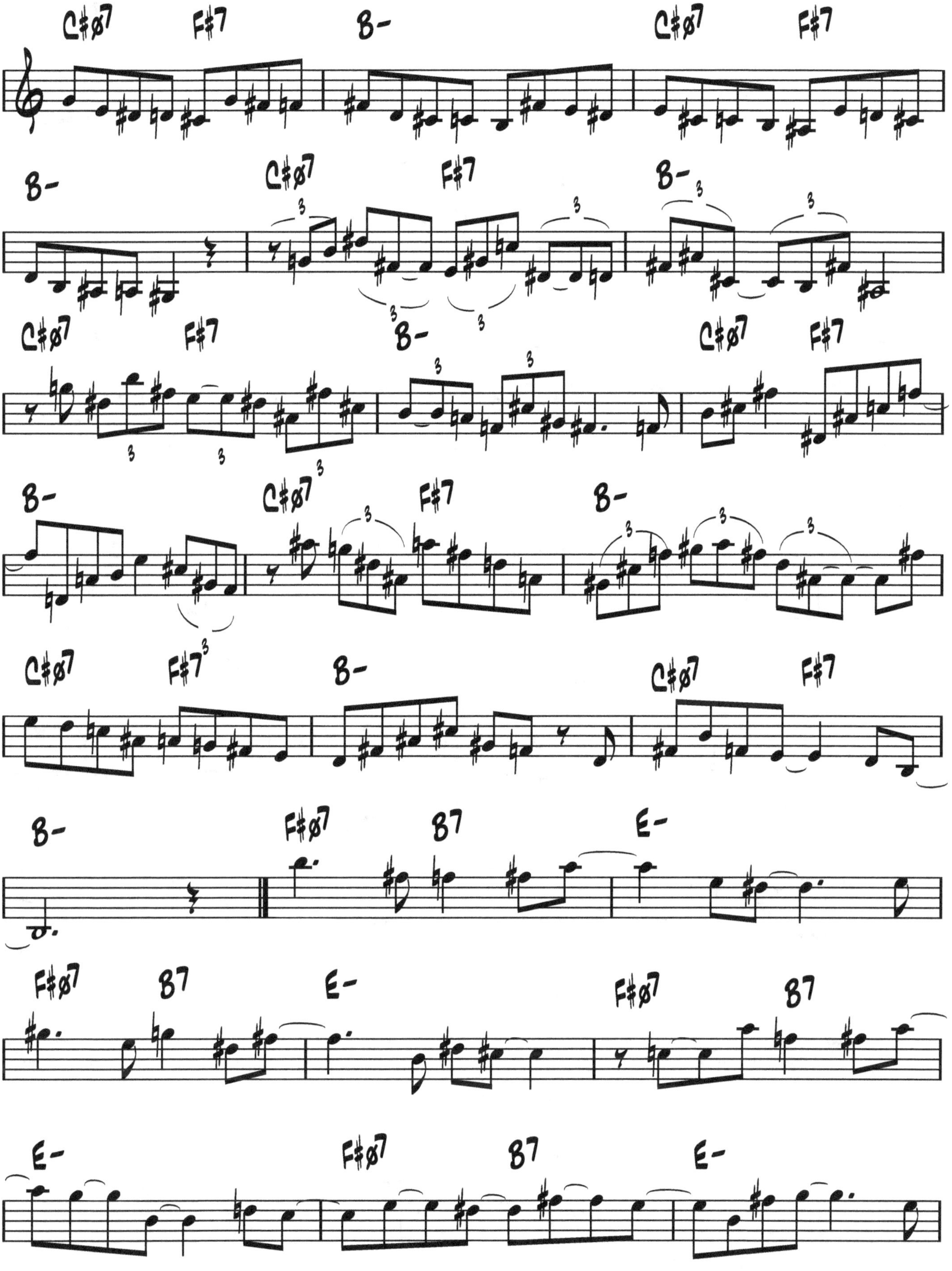
C#ø7 F#7 B- C#ø7 F#7
B- C#ø7 F#7 B-
C#ø7 F#7 B- C#ø7 F#7
B- C#ø7 F#7 B-
C#ø7 F#7 B- C#ø7 F#7
B- F#ø7 B7 E-
F#ø7 B7 E- F#ø7 B7
E- F#ø7 B7 E-

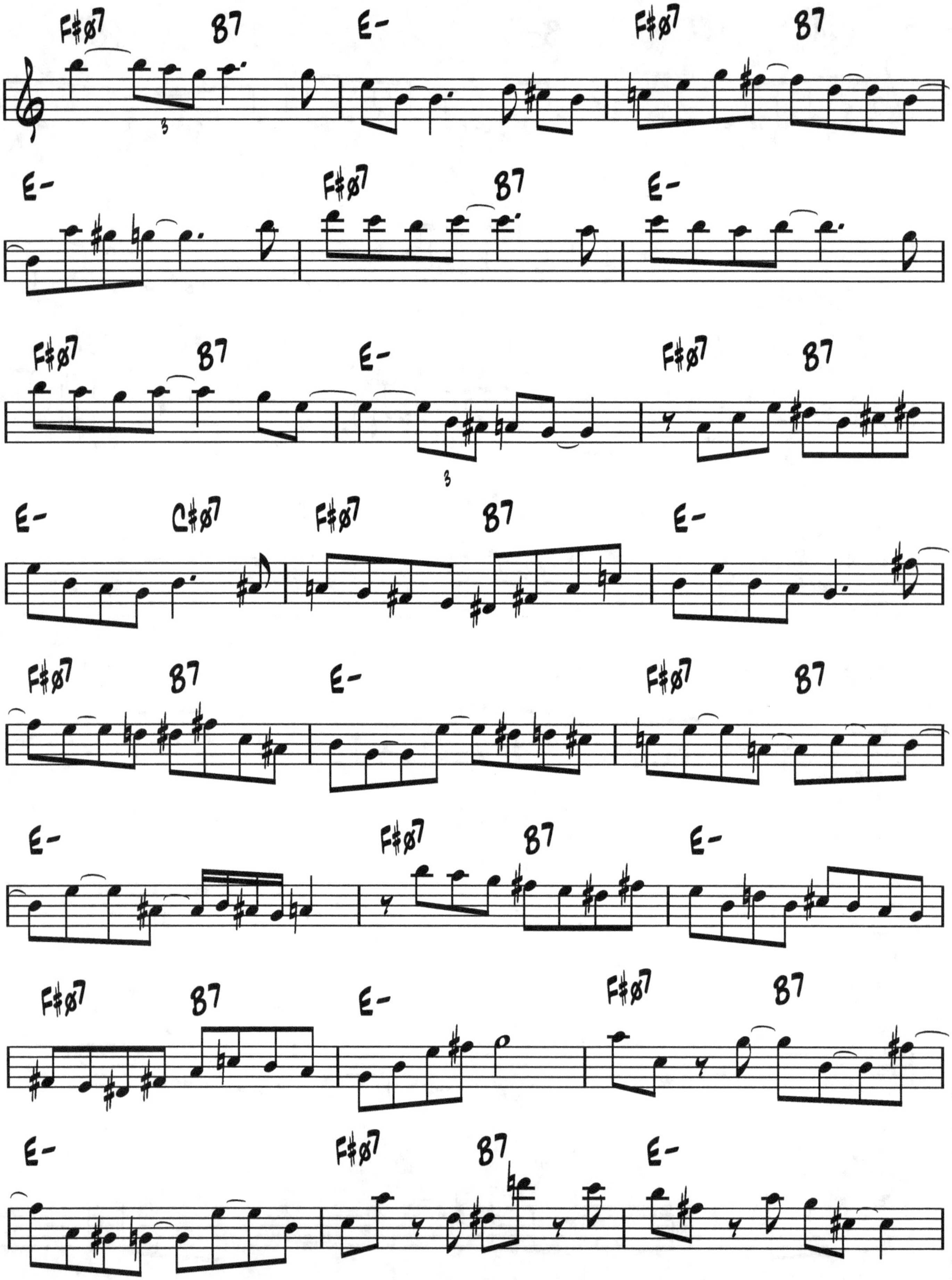
F#ø7 B7 E- F#ø7 B7
E- F#ø7 B7 E-
F#ø7 B7 E- F#ø7 B7
E- C#ø7 F#ø7 B7 E-
F#ø7 B7 E- F#ø7 B7
E- F#ø7 B7 E-
F#ø7 B7 E- F#ø7 B7
E- F#ø7 B7 E-

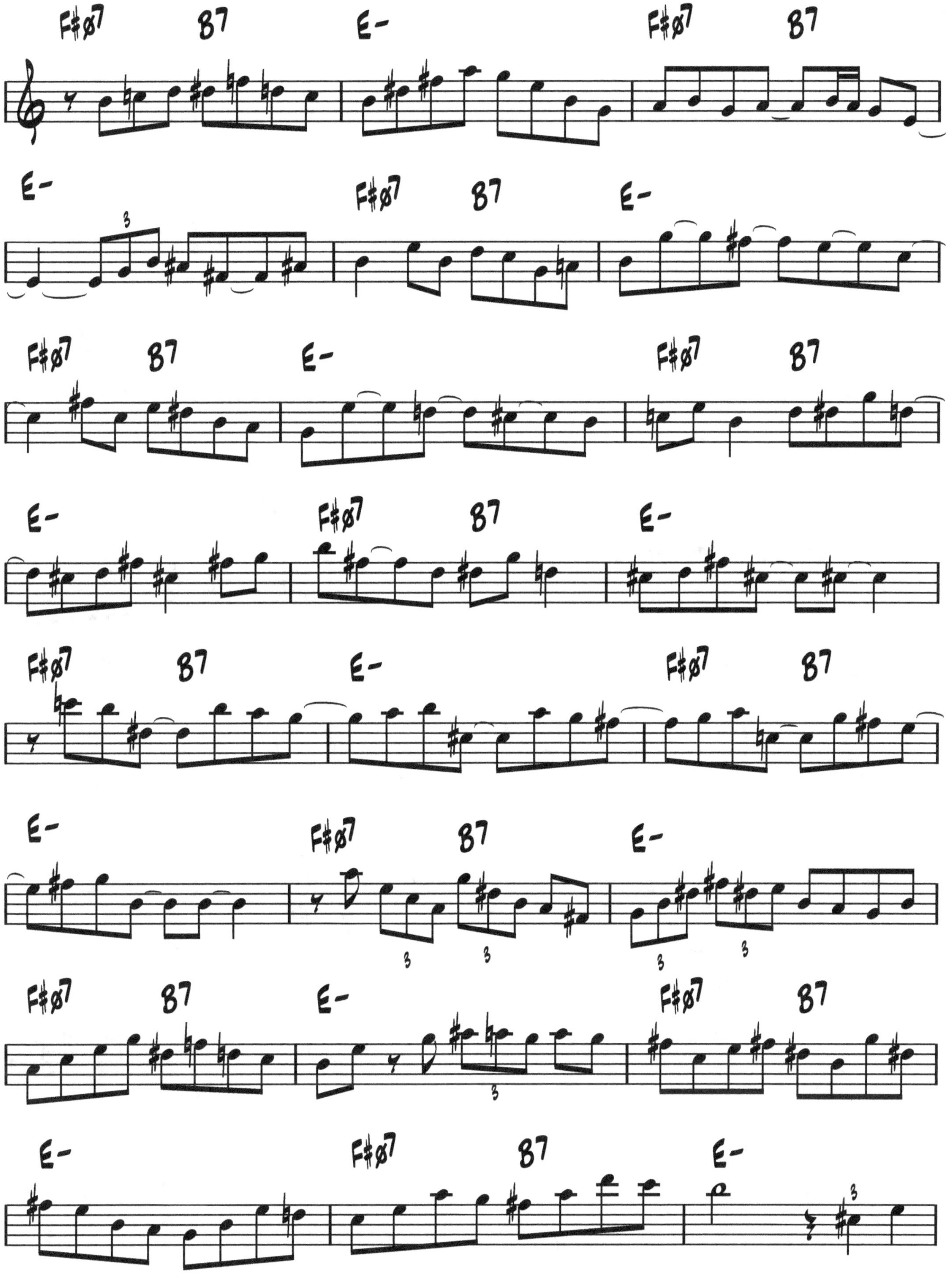
F#ø7 B7 E- F#ø7 B7
E- F#ø7 B7 E-
F#ø7 B7 E- F#ø7 B7
E- F#ø7 B7 E-
F#ø7 B7 E- F#ø7 B7
E- F#ø7 B7 E-
F#ø7 B7 E- F#ø7 B7
E- F#ø7 B7 E-

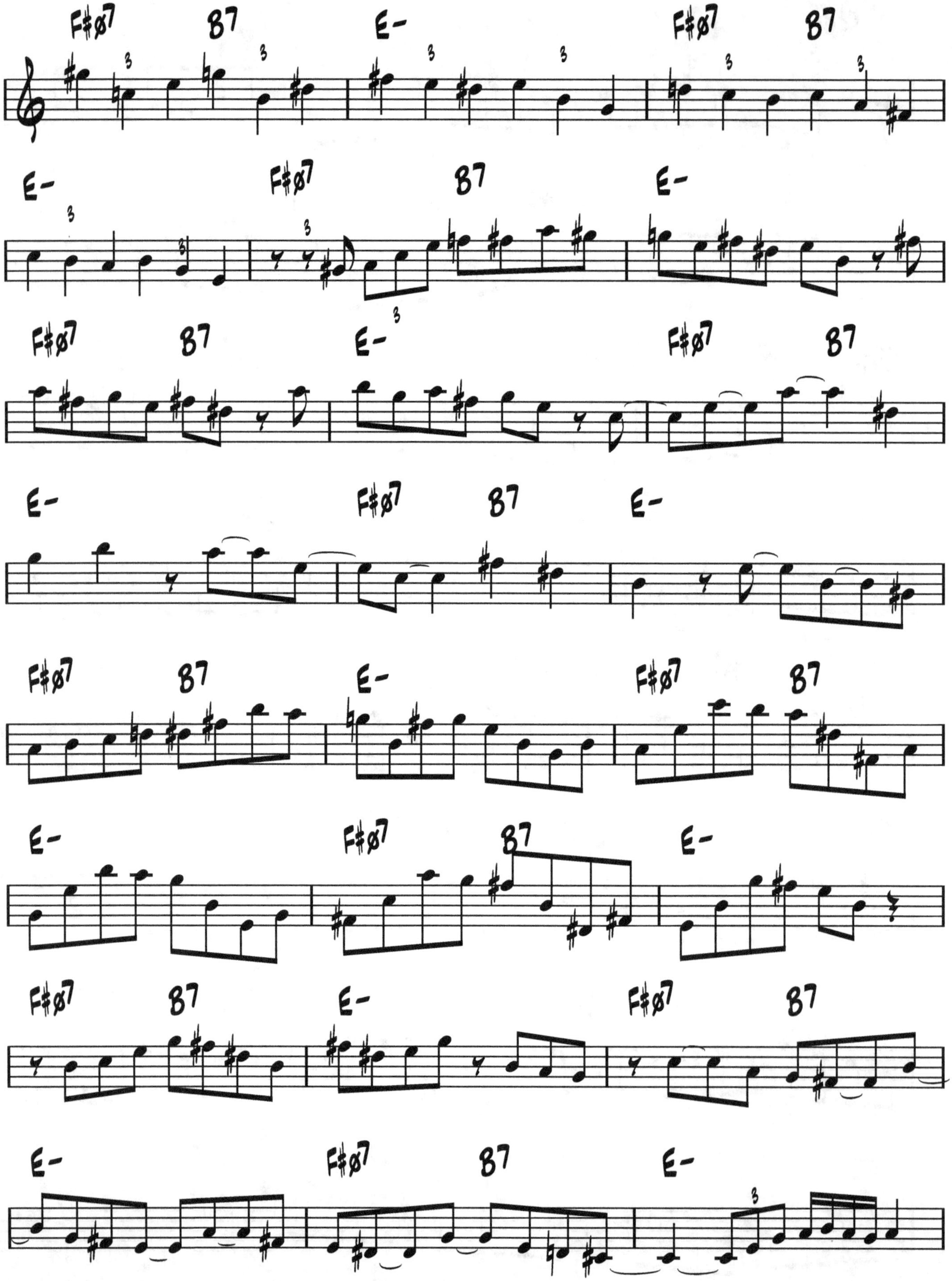
F#ø7 B7 E- F#ø7 B7
E- F#ø7 B7 E-
F#ø7 B7 E- F#ø7 B7
E- F#ø7 B7 E-
F#ø7 B7 E- F#ø7 B7
E- F#ø7 B7 E-
F#ø7 B7 E- F#ø7 B7
E- F#ø7 B7 E-

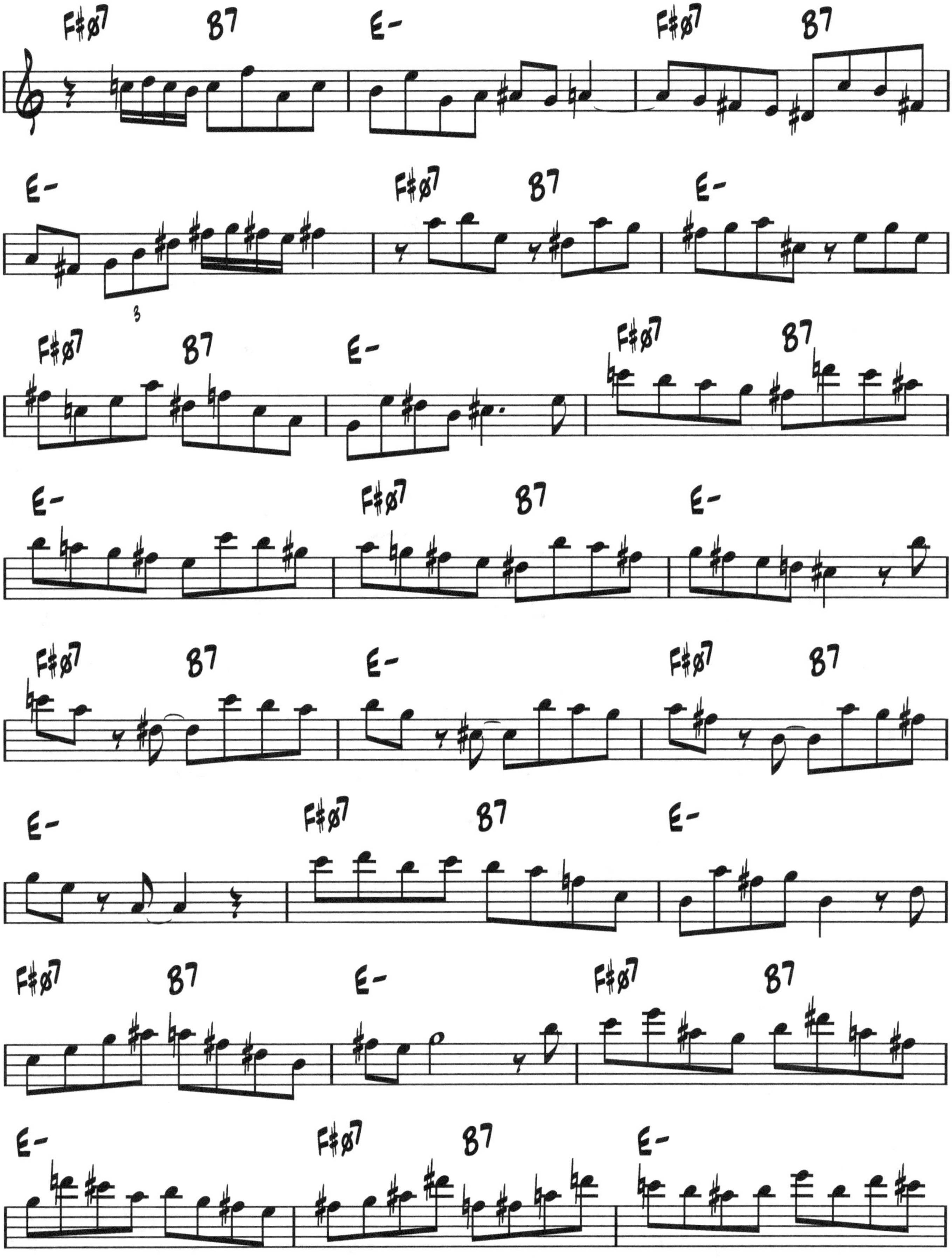
F#ø7 B7 E- F#ø7 B7
E- F#ø7 B7 E-
3
F#ø7 B7 E- F#ø7 B7
E- F#ø7 B7 E-
F#ø7 B7 E- F#ø7 B7
E- F#ø7 B7 E-
F#ø7 B7 E- F#ø7 B7
E- F#ø7 B7 E-

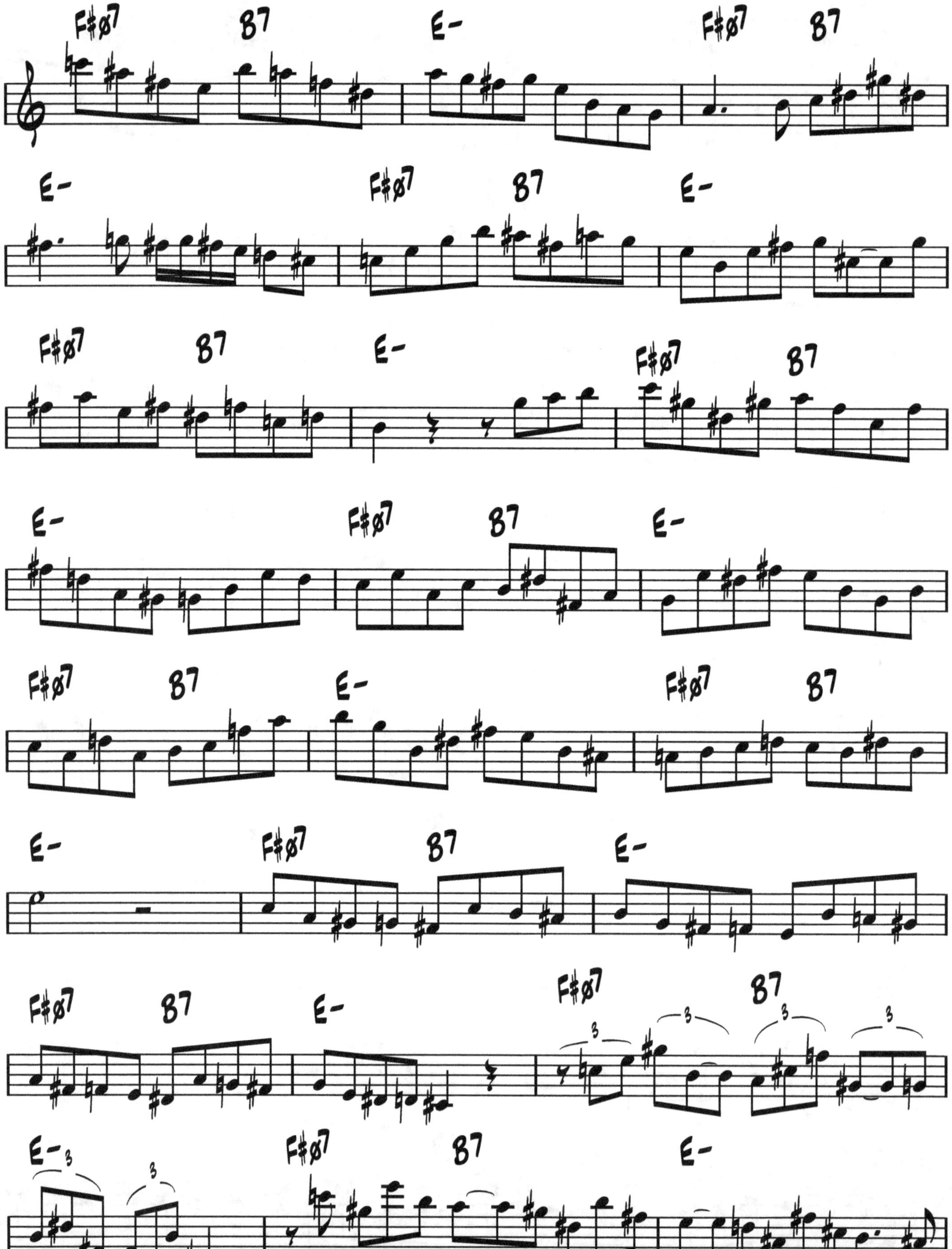
F#ø7 B7 E- F#ø7 B7
E- F#ø7 B7 E-
F#ø7 B7 E- F#ø7 B7
E- F#ø7 B7 E-
F#ø7 B7 E- F#ø7 B7
E- F#ø7 B7 E-
F#ø7 B7 E- F#ø7 B7
E- F#ø7 B7 E-

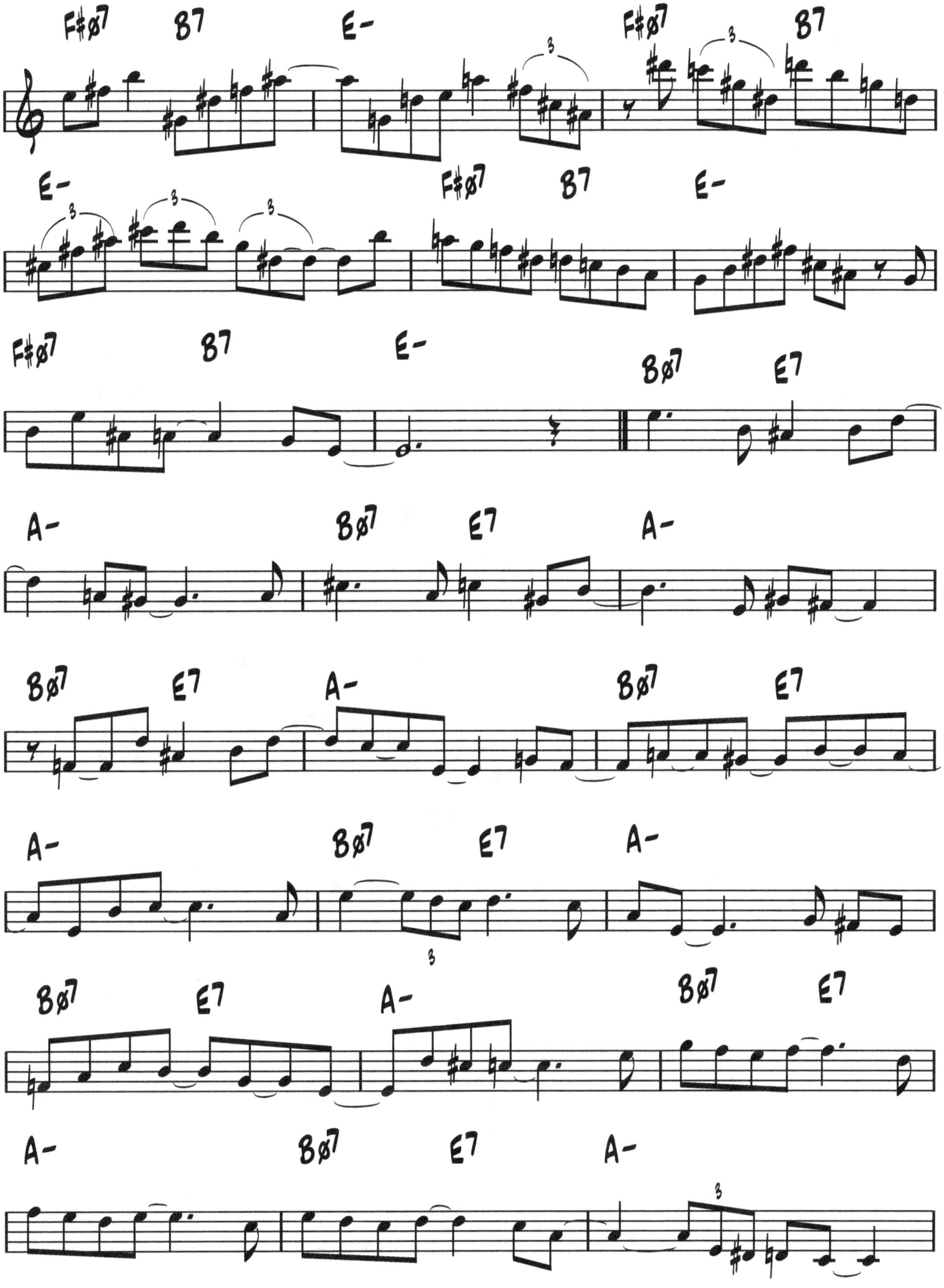
F#ø7 B7 E- F#ø7 B7
E- F#ø7 B7 E-
F#ø7 B7 E- Bø7 E7
A- Bø7 E7 A-
Bø7 E7 A- Bø7 E7
A- Bø7 E7 A-
Bø7 E7 A- Bø7 E7
A- Bø7 E7 A-

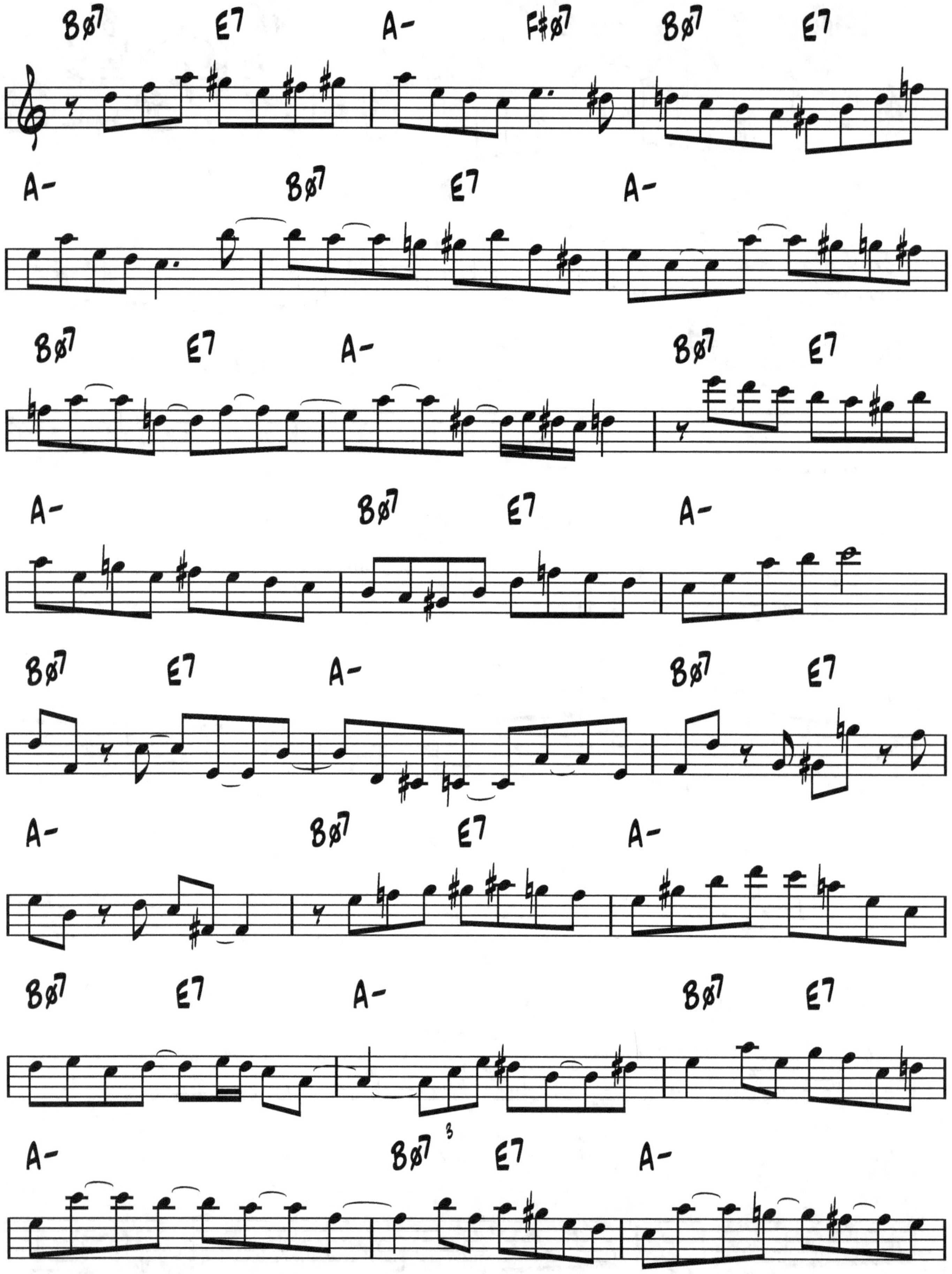
Bø7 E7 A- F#ø7 Bø7 E7
A- Bø7 E7 A-
Bø7 E7 A- Bø7 E7
A- Bø7 E7 A-
Bø7 E7 A- Bø7 E7
A- Bø7 E7 A-
Bø7 E7 A- Bø7 E7
A- Bø7 3 E7 A-

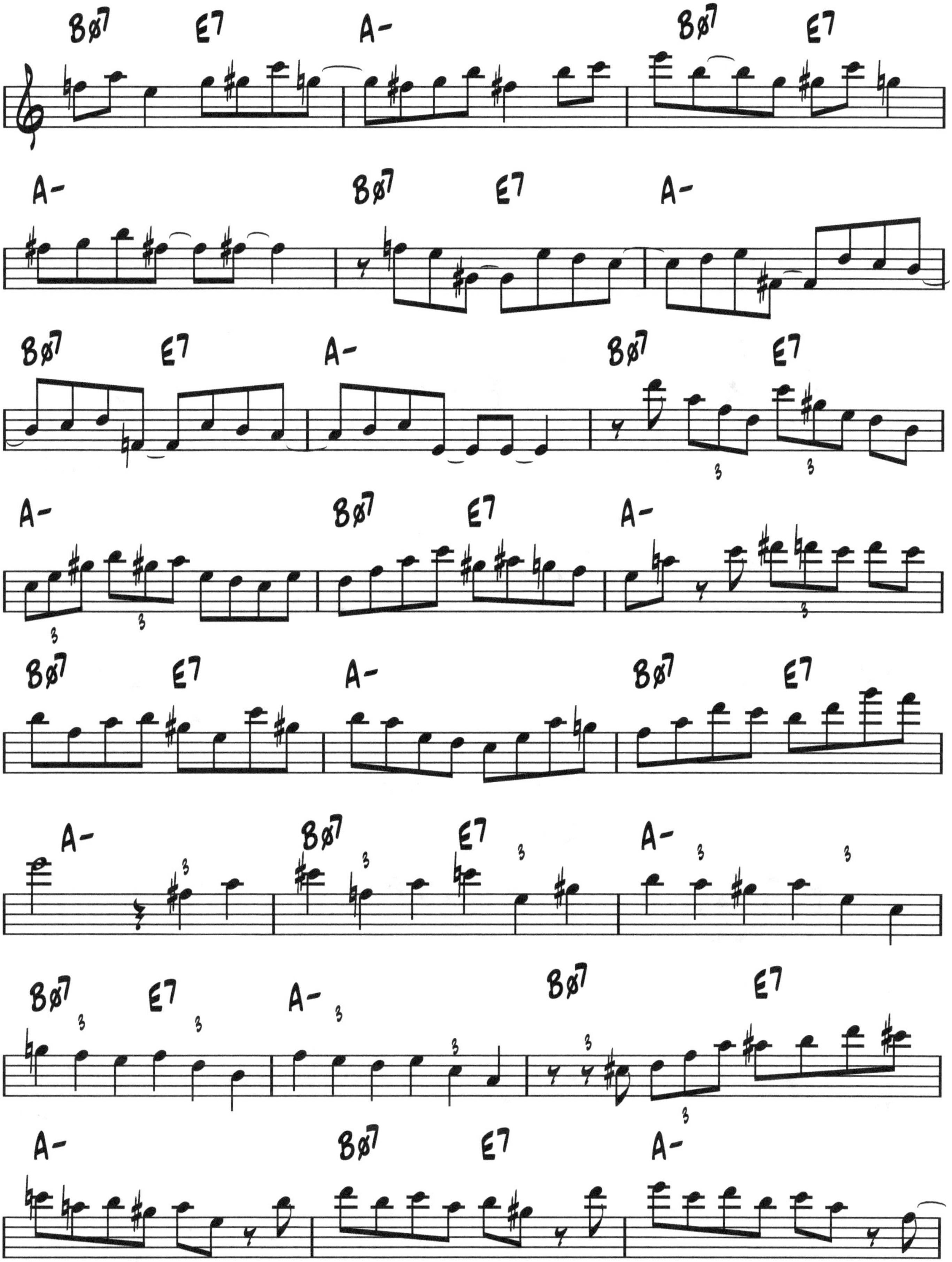
Bø7 E7 A- Bø7 E7
A- Bø7 E7 A-
Bø7 E7 A- Bø7 E7
A- Bø7 E7 A-
Bø7 E7 A- Bø7 E7
A- Bø7 E7 A-
Bø7 E7 A- Bø7 E7
A- Bø7 E7 A-

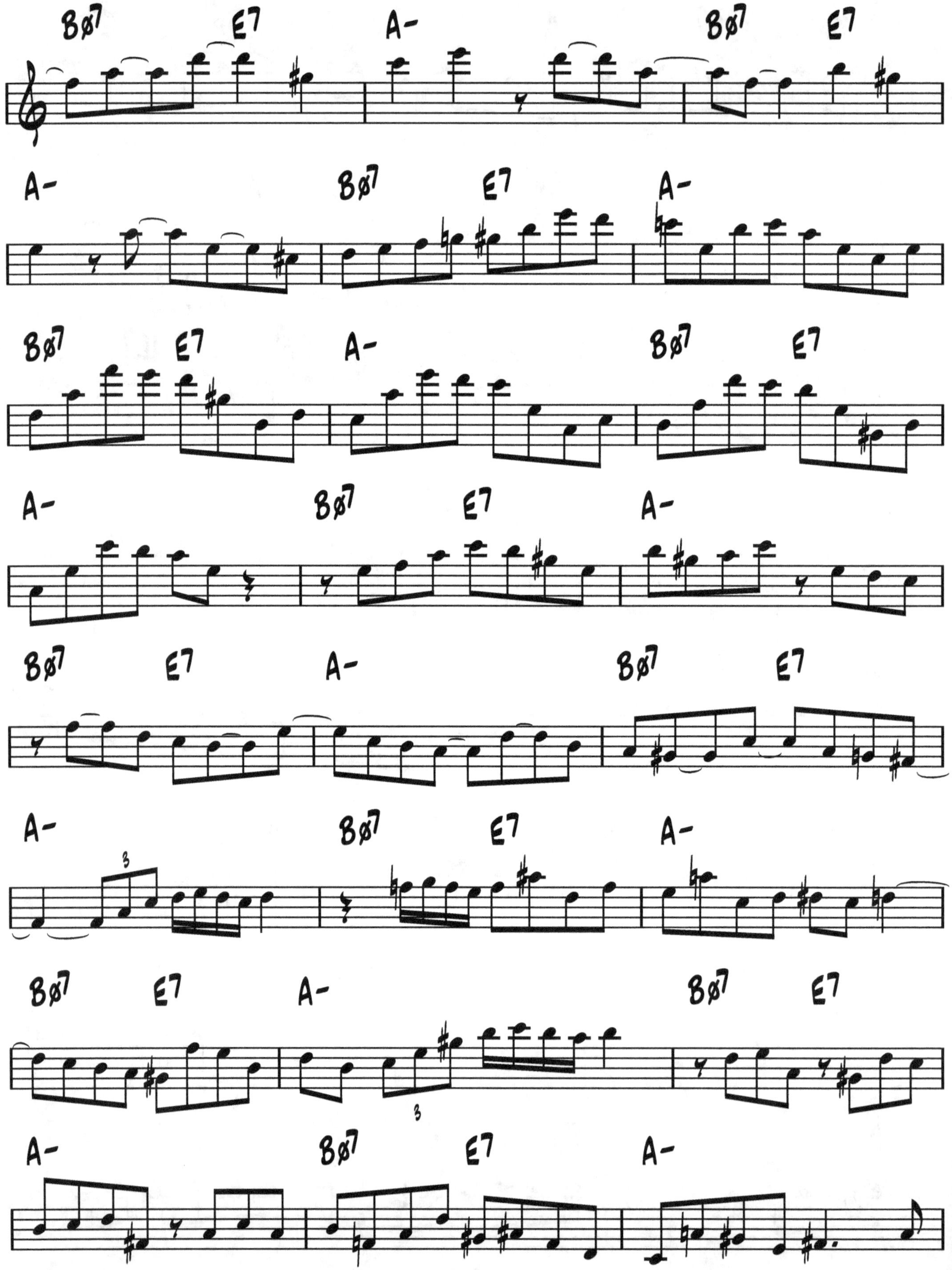

Bø7 E7 A- Bø7 E7
A- Bø7 E7 A-
Bø7 E7 A- Bø7 E7
A- Bø7 E7 A-
Bø7 E7 A- Bø7 E7
A- Bø7 E7 A-
Bø7 E7 A- Bø7 E7
A- Bø7 E7 A-

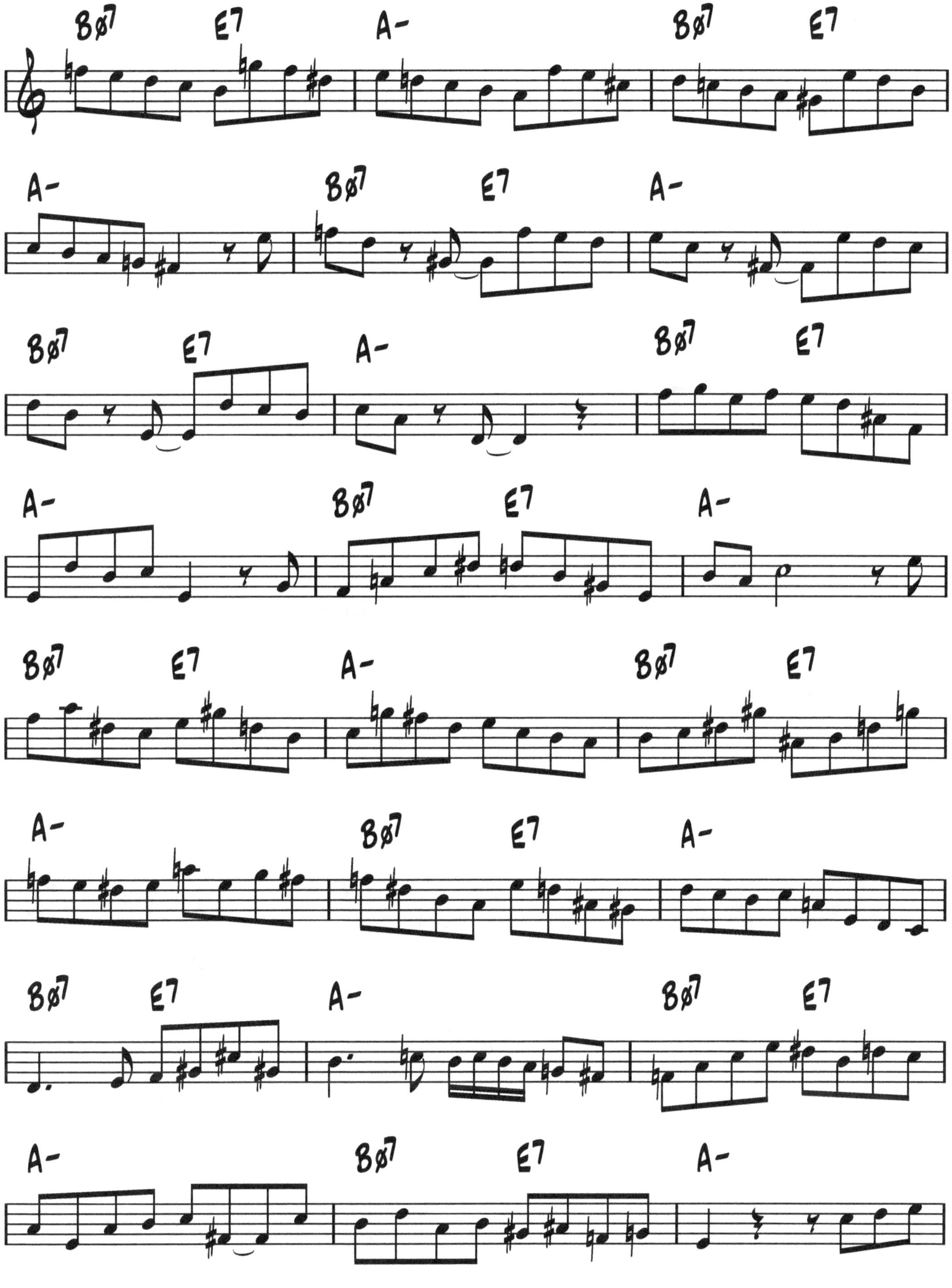
Bø7 E7 A- Bø7 E7
A- Bø7 E7 A-
Bø7 E7 A- Bø7 E7
A- Bø7 E7 A-
Bø7 E7 A- Bø7 E7
A- Bø7 E7 A-
Bø7 E7 A- Bø7 E7
A- Bø7 E7 A-

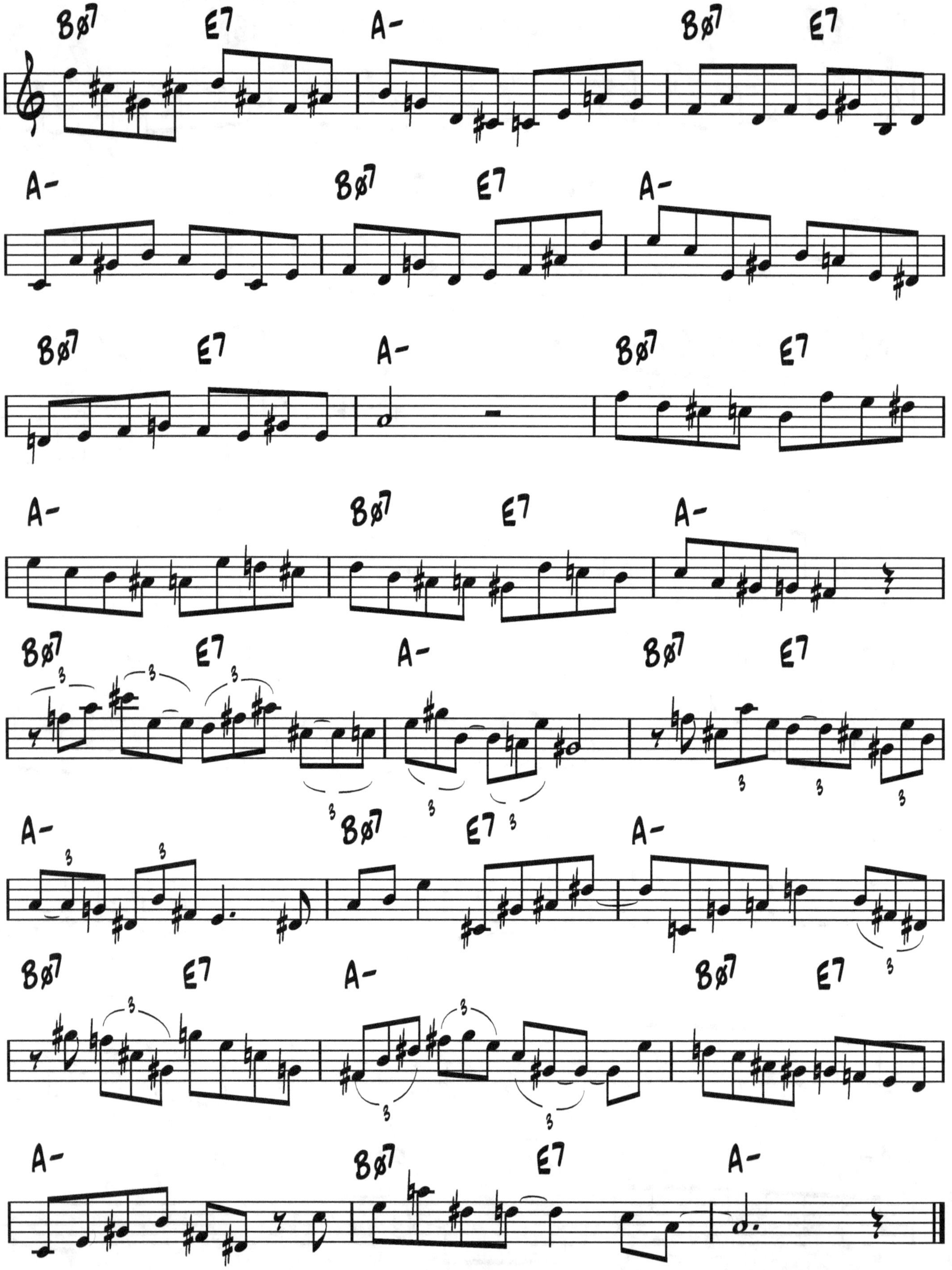
Bø7 E7 A- Bø7 E7
A- Bø7 E7 A-
Bø7 E7 A- Bø7 E7
A- Bø7 E7 A-
Bø7 E7 A- Bø7 E7
A- Bø7 E7 A-
Bø7 E7 A- Bø7 E7
A- Bø7 E7 A-

www.ingramcontent.com/pod-product-compliance
Lightning Source LLC
Chambersburg PA
CBHW080823170526
45158CB00009B/2506

* 9 7 8 1 3 1 2 5 1 7 2 7 1 *